REINICIANDO

Para mayor información:

Kabbalah Centre
155 E. 48th St., New York, NY 10017
1062 S. Robertson Blvd., Los Ángeles, CA 90035

1.800.Kabbalah   www.kabbalah.com/espanol

Primera edición en español:
Enero de 2008
Impreso en Canadá
ISBN10: 1-57189-586-8
ISBN13: 978-1-57189-586-8

Diseño: HL Design (Hyun Min Lee) www.hldesignco.com

www.kabbalah.com™

Virginia M. Mejia LCSW., CADC
1275 W. Roosevelt Rd.
Suite 114
Wes. Chicago, IL 60185

REINICIANDO
VENCER LA DEPRESIÓN CON EL
PODER DE LA KABBALAH

TECNOLOGÍA PARA EL ALMA™   YEHUDÁ BERG

REINICIANDO

AGRADECIMIENTOS

A todas las personas que hacen que mi vida sea cada día mejor: mis padres, el Rav y Karen; mi hermano Michael; mi esposa Michal y nuestros hijos; y mi querido amigo Billy.

Virginia M. Mejia LCSW., CADC
1275 W. Roosevelt Rd.
Suite 114
Wes. Chicago, IL 60185

REINICIANDO

ÍNDICE

REINICIANDO

REINICIANDO

PRÓLOGO

El 2 de septiembre del 2004 mi padre, maestro, amigo, y a veces incluso mi identidad y mi mundo, tuvo un derrame cerebral. Al principio, los médicos dijeron que el Rav no sobreviviría. Pero sí lo hizo. También dijeron que no podría hablar ni caminar. Ahora camina y habla. Pero para mí, mi familia, y muchos otros, la pérdida del antiguo Rav —el que nosotros conocíamos—, creó un agujero negro a través del cual tratábamos de caminar con valentía cada día, tal como él lo hace.

Fue un momento que nos impactó a todos, y las secuelas del derrame todavía continúan cambiándonos y dando forma a nuestras vidas. Cada una de las personas de nuestra numerosa familia —formada por todos aquellos que nos apoyan— ha sufrido a su propia manera por la enfermedad del Rav. Para el Centro de Kabbalah como totalidad y para los cientos de miles de personas que estudian Kabbalah, el Kabbalista Rav Berg representó una inquebrantable fortaleza y un poder que van más allá de lo físico. Él era nuestro superhéroe moderno, uno que atravesó sin esfuerzo el terreno espiritual y físico de este universo.

REINICIANDO

El número de milagros que el Rav ha ayudado a muchas personas a conseguir en sus vidas es demasiado grande para registrarlo en un libro. Sin embargo, hoy en día, el mismo Rav es el milagro. Él camina, habla y enseña. Pero el Rav sigue sin ser el mismo Rav que yo conocí. Aquellos de nosotros que hemos experimentado su fuerza y su sabiduría no podemos evitar preguntarnos cómo pudo sucederle esto a alguien tan extraordinario como el Rav.

Pero sucedió. Los cambios inesperados son difíciles para casi todo el mundo, por muy experto espiritual que pueda llegar a ser un individuo. Por ese motivo, hay algunos que en este momento eligen cuestionar el sistema, el Centro y al Rav. Por otro lado, estos son individuos que continúan estudiando y experimentando las bendiciones que la Kabbalah trae a sus vidas; bendiciones que el Rav ha ayudado a hacer accesibles a millones de personas. El Rav se ha transformado silenciosamente de un héroe de la vida real al frente de un movimiento a un hombre histórico en segundo plano que una vez hizo algo que nunca se ha visto hacer antes.

Para mí, mi padre se marchó. A lo largo de todos mis años en la Kabbalah, he estado rodeado por este magnificente sistema y por mis increíbles, amorosos y poderosos padres, quienes me criaron por un camino que yo amo y con un destino que estaba preparado para asumir. Así, cuando mi padre se marchó, por primera vez en mi vida me sentí solo, con un enorme y horroroso agujero negro al que tenía que enfrentarme cada mañana de cada día de mi vida.

Y cada día de mi vida me preguntaba a mí mismo: "¿por qué? ¿Por qué me abandonó el Rav?" Tuvo que pasar un tiempo hasta que llegara a entender que no se trataba de algo personal. Pasaron unos cuantos meses antes de que dejara de actuar con el piloto automático y me moviera de la fase de abandono a la siguiente fase de mi pena: la fase en la cual fui forzado a enfrentarme realmente a lo que había sucedido. Y resultó ser lo más doloroso que nunca he experimentado; un dolor que sé que muchos kabbalistas experimentaron también cuando perdieron a sus maestros. Mi propio padre fue uno de estos estudiantes que perdió a su maestro hace años y que sufrió mucho por ello.

Mi cueva era un lugar oscuro y vacío en el que la esperanza no tenía lugar. Estaba DEPRIMIDO. Mi depresión estaba compuesta por las expectativas que había depositado en mí mismo y las expectativas que sentía que los demás depositaban en mí, basadas en la suposición de que yo no debía ser susceptible a caer en la depresión. Tenía todas las herramientas a mi disposición para levantarme de nuevo, ¿no es cierto?

Me llevó casi dos años investigar y escribir este libro, y fue realizando este trabajo cuando empecé a entender lo que había sucedido aquel día en el que mi vida cambió. Aquel día supuso el inicio de un capítulo entero: mi primera prueba real de cómo funciona el sistema de la Kabbalah. Escribir este libro me ayudó a enfrentarme a mi dolor, a despertarme cada vez que me desconectaba y a ver lo que la enfermedad del Rav había venido a enseñarme. No podría haber escrito este libro o compartido esta sabiduría con los demás de una forma tan sincera y honesta si no hubiera atravesado esa oscuridad yo mismo. He experimentado de primera mano lo que explico en este libro y he utilizado las herramientas que sugiero en él. Y fue a través de la utilización de esas herramientas y de compartirlas que pude cruzar al otro lado de la depresión.

El trabajo que mi hermano y yo hemos realizado desde que el Rav sufrió el derrame, la forma en que el centro ha crecido globalmente . . . todo esto nunca habría sucedido si el Rav estuviera todavía haciéndolo por todos nosotros. Después de todo, cuando hay un superhéroe cerca, te vuelves un poco más perezoso y dejas que él haga todo el trabajo. Eso es lo que la Kabbalah dice, y lo que el Rav siempre ha querido. Seré el primero en decir que convertirte en tu propio superhéroe es difícil. Mi madre siempre dice que se necesita mucha presión para convertir un trozo de carbón en un resplandeciente diamante. Y seré sincero: yo no estaba preparado para este tipo de presión. Pero hoy veo el resplandor en el plan.

REINICIANDO

Espero que este libro y las herramientas que hay en él, así como mi historia personal acerca de cómo el proceso de la Kabbalah me sacó de mi dolor, son mi regalo para ti. Que te guíen a través de la oscuridad y te lleven a encontrar tu propio brillo divino. Esta es mi esperanza. Este es mi propósito. Y creo en mi corazón que también sigue siendo el propósito del Rav.

—YEHUDÁ BERG, Los Ángeles, California, enero del 2007

INTRODUCCIÓN

Este libro trata del amor y de la Luz, y de cómo liberarse de la depresión. Probablemente muchos de los lectores sientan que jamás podrán liberarse de ella; sin embargo, esa sensación es una consecuencia de la propia enfermedad. El hecho es que sí puedes librarte de la depresión. Y la Kabbalah te ofrece los recursos para hacerlo y reiniciar tu vida.

La Kabbalah es un compendio de sabiduría de más de 4.000 años de antigüedad, que aborda tanto las leyes espirituales como las leyes físicas de este mundo. A mí me gusta considerarla una tecnología para la vida, porque la Kabbalah se basa en principios que pueden comprobarse científicamente y que a la vez son muy efectivos a nivel práctico. La Kabbalah nos enseña que la alegría incondicional y la felicidad desinhibida se encuentran en todas partes; de hecho, son el software interno que hace funcionar a este universo. Las rocas, los árboles, nuestras mascotas, nuestros padres, el aire y hasta nuestros cuerpos y almas poseen en su esencia una felicidad profunda y duradera. Esto significa que todos llevamos dentro de nosotros la cura que estamos buscando, y que lo único que debemos hacer es aprender cómo acceder a ella.

Una de mis historias kabbalísticas favoritas es la del Rav Akivá. Rav Akivá vivió en el siglo II de nuestra era y fue un hombre muy pero muy negativo. Si el día estaba soleado, se quejaba porque tenía la boca seca y no encontraba un sitio con sombra. Si estaba lloviendo, decía que el mundo se estaba volviendo húmedo y malsano. A pesar de su visión tan negativa, una sabia y compasiva mujer se enamoró de él. Ella intentó persuadirlo de que cambiara su forma de ser y mirara la vida de un modo más positivo.

"Si brilla el sol y tu garganta está seca —dijo la mujer a Rav Akivá—, esta sequedad te crea el deseo de beber. Beber puede ser algo placentero y satisfactorio, y el deseo de hacerlo puede alentarte a reunirte con tus amigos para beber juntos. Por lo tanto, tu garganta seca puede ser la causa de una placentera reunión de almas."

"Pero yo no tengo amigos", dijo Rav Akivá.

"Sin el sol —continuó la mujer— las plantas se marchitarían y moriríamos de hambre. Entonces, ¿no crees que vale la pena tolerar un poco de malestar para tener una vida entera de alimento?"

Pero Rav Akivá no se sentía identificado con esta forma de pensar. "Tengo 40 años —solía decir—, es demasiado tarde, y ya soy demasiado malo".

Pero la mujer no se rendía ante la disposición negativa de Rav Akivá. De modo que lo llevó hasta un prado y le mostró un pequeño arroyo donde el agua había formado un agujero en la roca. Rav Akivá nunca se había interesado antes por la belleza, pero de repente comprendió el significado de lo que estaba viendo. "Si algo tan suave como el agua ha podido hacer un agujero en algo tan duro como una roca —dijo en voz alta—, entonces yo también debo poder tomar mis rasgos positivos y usarlos para cavar un agujero en mis rasgos negativos. Yo también tengo que ser capaz de transformarme." Tras haber comprendido esto, después de aquel momento de claridad, Rav Akivá pudo transformar gradualmente sus cualidades negativas. Así se convirtió en una de las almas más elevadas y en uno de los maestros con más influencia que jamás hayan existido.

Ciertamente, esta historia debería servir de inspiración a todas las personas que transitan por un camino espiritual, pero yo siento que es una metáfora particularmente poderosa para aquellos que están sufriendo de depresión, porque nos enseña que nosotros también podemos transformar esos pensamientos que parecen insuperables, dolorosos y debilitantes en energía positiva. Nosotros también podemos convertir la oscuridad en Luz. La clave es que Rav Akivá no cambió de un día para otro; su transformación fue un proceso. Tuvo que iniciar una serie de pasos —a veces pequeños, a veces grandes— antes de que su oscuridad se disipara y su sufrimiento cediera el paso a una auténtica sensación de paz y alegría.

REINICIANDO

Este es el momento perfecto para enfatizar la importancia de tener expectativas realistas. El cambio profundo muy pocas veces ocurre de repente; por lo general es un proceso continuo en el cual el movimiento suave y constante del agua va desgastando la roca de nuestra negatividad.

Yo no soy médico, pero siento un gran interés por el tema de la depresión y creo que la información kabbalística que suministra este libro ayudará a arrojar luz sobre tan común padecimiento. También estoy convencido de que a través de la práctica de la Kabbalah, aquellos que sufren de depresión —sin importar dónde se encuentren, lo que han hecho, la fe que profesen ni su nivel de educación— pueden vencer esta enfermedad si tan solo se toman el tiempo de comprender su verdadera fuente. Los métodos convencionales para tratar la depresión se basan en controlar los síntomas, un enfoque que ciertamente tiene sus méritos. Sin embargo, la Kabbalah provee las herramientas para enfrentar a diario el desafío de la depresión y vencerla. La Kabbalah deja al descubierto la depresión desde su propia raíz.

En primer lugar, quiero señalar la diferencia que existe entre la tristeza y la depresión desde el punto de vista kabbalístico. Aunque la tristeza pueda acompañar a un estado de depresión, no son lo mismo. Quizá pienses que no es necesario definir la tristeza; a fin de cuentas, todos sabemos lo que significa estar

INTRODUCCIÓN

tristes, ¿no es cierto? Pero, ¿lo sabemos en realidad?

La Kabbalah dice que hay diferentes formas de experimentar la tristeza; es más, considera que mucha gente vive su vida tan distanciada de sus emociones, que ni siquiera puede reconocer la tristeza o la felicidad cuando la siente. Afortunadamente, la sabiduría kabbalística contenida en este libro puede ayudarnos a conectar de nuevo con esa multitud de emociones que hacen que valga la pena vivir. Y, lo creas o no, la tristeza es una de las emociones más importantes.

Entonces, ¿qué es la verdadera tristeza? La tristeza es:

- Una reacción sana y natural ante una experiencia dolorosa.

- Un proceso de corta duración que transcurre mientras abordas y transformas las circunstancias que causaron tu infelicidad.

- Esencial para el crecimiento espiritual y emocional.

A diferencia de la tristeza, la depresión **no** es uno de los pasos hacia el desarrollo personal, aunque podrás dar un gran salto en tu crecimiento cuando utilices las herramientas de la Kabbalah para superarla.

La depresión es un sentimiento dominante de adormecimiento o confusión emocional. La depresión se siente como un túnel sin luz al final o como una cueva oscura carente de toda iluminación. En términos kabbalísticos, la depresión es una **ausencia de deseo**. Hablaremos en detalle sobre este importante punto más adelante.

La depresión surge cuando nos sentimos víctimas constantes de nuestra experiencia, en lugar de sentirnos los directores de nuestras vidas; cuando nos sentimos desamparados y no tenemos confianza en nuestra capacidad de crear un cambio. La depresión alza su feo rostro cuando no queremos enfrentarnos a nuestra "basura": esos aspectos no constructivos de nosotros mismos que demandan a gritos que los reconozcamos y los transformemos en dones. Todos tenemos este tipo de rasgos negativos, aunque la mayoría de nosotros prefiere ignorarlos. Sin embargo, la depresión es una señal de que el costo de ignorarlos es demasiado alto, lo cual significa que ya es hora de cambiar. Y la Kabbalah es una tecnología que te ayudará a realizar esta transformación.

Necesitamos herramientas específicas que nos ayuden a recuperar la sensación de que somos la causa de lo que nos ocurre en la vida, y no un mero efecto. Necesitamos herramientas que nos ayuden a convertir nuestra "basura" en rasgos positivos capaces de infundirnos alegría duradera. En las páginas que siguen, la Kabbalah te proporcionará esas herramientas. De hecho, en este libro hallarás numerosas estrategias prácticas que te sacarán de la bruma y el hastío de la depresión, así como valiosas técnicas que te permitirán conectarte con un flujo constante de energía positiva de vida. Piensa en la Kabbalah como si fuera la tecla de reinicio. Mi meta en este libro es alentarte y otorgarte el poder de pulsar ese botón para que vuelvas a tomar las riendas de tu vida.

UN BREVE LINAJE

La sabiduría que contiene este libro es uno de los legados de mi padre, el Rav Berg. Cuando yo era joven, el Rav Berg pasaba interminables horas enseñándonos a mi hermano y a mí esta antigua sabiduría llamada Kabbalah. Nos solíamos quedar hasta el amanecer leyendo textos y discutiéndolos, muchas veces de forma muy enérgica, aun cuando teníamos que asistir a la escuela a la mañana siguiente. Mi madre también contribuyó en mi educación espiritual, como lo hizo con muchas otras personas. Ella ha abierto muchas puertas, permitiendo que la sabiduría de la Kabbalah esté disponible para todo el mundo. Su corazón bondadoso y abierto fue el que inculcó en mí la compresión y pasión por ayudar a los demás. Y es la sabiduría que mi padre me ha impartido desinteresadamente durante años la que me inspira a compartir lo que he aprendido de él.

Los cambios que he experimentado gracias a la Kabbalah han sido profundos y duraderos. Esto es porque la Kabbalah en sí misma es profunda y duradera. De hecho, sus enseñanzas se remontan a más de 4.000 años. Comenzaron con Avraham, a quien se considera el padre del Judaísmo, el Cristianismo y el Islam. Hago hincapié en este linaje compartido con el propósito de enfatizar que la Kabbalah es para todo el mundo. Aunque algunas personas crean que la Kabbalah es sólo para aquellos que profesan la fe judía, la realidad es que esta sabiduría está destinada a todas las personas del mundo. Por otra parte, la Kabbalah no desafía ni reemplaza a ninguna religión, en todo caso sirve para reforzarla. Y enfatizo este punto para evitar que alguien, a causa de alguna confusión o idea equivocada al respecto, llegue a perderse los dones que la Kabbalah tiene para ofrecerle.

Antes de continuar, quiero mencionar que la sabiduría de la Kabbalah permaneció oculta durante muchos años; sólo hombres estudiosos prominentes tenían permiso para acceder a los libros y las enseñanzas kabbalísticas. En el siglo XX, un gran Kabbalista y estudioso de la Kabbalah, Rav Yehudá Áshlag, descifró aquellos textos y los puso al alcance de todos. Después traspasó estas enseñanzas a Rav Yehudá Brandwein, quien a su vez se las transmitió a mi padre. Cada uno de estos estudiosos pioneros sufrió mucho por tenerse que enfrentar a la predominante creencia de que las enseñanzas de la Kabbalah debían limitarse a un selecto grupo. A pesar de la implacable oposición y el tormento que la misma significó, Rav Brandwein, mi padre y mi madre llegaron a la conclusión de que, con la educación y la asistencia adecuadas, la Kabbalah podría beneficiar a todos y especialmente a aquellos que han perdido el sentimiento de esperanza y el deseo de vivir.

REINICIANDO

A medida que vayas dando vuelta a las páginas de este libro, puede que te sorprendas teniendo la sensación de que siempre has sabido lo que acabas de leer pero que nunca habías podido articularlo. Esto se debe a una razón muy sencilla: el contenido de este libro representa verdades universales sobre la naturaleza humana. Por eso tómate el tiempo necesario con estos conceptos, medítalos, compruébalos y observa cómo funcionan realmente. Piensa en este proceso como una clase de arte: ¿Creerías que el amarillo mezclado con el rojo forma el color naranja sólo porque tu maestro de arte te lo ha dicho? No, probablemente tomarías los tubos de esos colores, los mezclarías y lo comprobarías por ti mismo. Es posible que te confundas y derrames la pintura, pero la pulcritud no es el objetivo. El proceso en sí mismo —el acto de descubrir— es tu camino espiritual para salir de la depresión.

En los momentos en que el texto te parezca desafiante, te sugiero que continúes. También puedes contactar con nuestra línea telefónica de asistencia 1-800-KABBALAH (si llamas fuera de los Estados Unidos, consulta nuestros teléfonos internacionales en la pág. 223). El objetivo aquí no es ayudarte a manejar la depresión, sino darte los recursos para vencerla de una vez para siempre. Ver cumplido este propósito requerirá ciertos esfuerzos en algunos aspectos. Espero que encuentres el aliento necesario para hacerlo, sabiendo que tus esfuerzos se verán recompensados con el regalo más grande que puedas imaginar: recuperar tus ganas de vivir.

PARTE UNO

DEPRESIÓN: SUS SÍNTOMAS Y EL PODER PARA SUPERARLOS

REINICIANDO

Si sufres de depresión, debes saber que no estás solo. Cuando decidí escribir este libro, realicé una extensa investigación y descubrí que aproximadamente 18,8 millones de norteamericanos —el 9,5% de la población de los Estados Unidos— sufre de depresión todos los años. Y este impactante número representa sólo a aquellos que buscan ayuda activamente; millones de personas no llegan a recibir un diagnóstico. También descubrí que las mujeres son el doble de propensas que los hombres a sufrir de depresión, y pese a que la depresión puede golpear en cualquier edad —desde la infancia hasta la jubilación— es más frecuente durante el inicio de la mediana edad. Por otra parte, la depresión no conoce diferencia de raza o nivel social. Y la mayoría de las personas que intentan suicidarse o que cometen suicidio han estado luchando sin éxito durante años contra la depresión.

Otra de las cosas que descubrí es que la depresión puede manifestarse de múltiples formas y que muchas veces viene acompañada de ansiedad. Según estudios especializados, la depresión y la ansiedad son dos reacciones que surgen ante el miedo. La diferencia es que en el caso de la ansiedad nuestro mecanismo de supervivencia —aquel que nos pone en estado de "luchar o huir"— se encuentra en el límite, mientras que con la depresión suprimimos nuestras respuestas por completo.

Los síntomas de la depresión pueden agruparse en cinco categorías:

1. Físicos

- Falta o aumento del apetito que provoca una inusual disminución o aumento de peso.

- Letargo hasta el punto de que las tareas más pequeñas parecen insoportables y el cuerpo se resiste a realizar actividad de cualquier tipo.

- Enfermedades crónicas que no responden al tratamiento, como dolores de cabeza, de estómago o de espalda.

- Agravamiento de enfermedades preexistentes como artritis reumática o diabetes.

- Habla y movimientos lentos, como si la persona estuviera caminando por el lodo.

2. Emocionales

- Tristeza o adormecimiento persistentes.

- Inquietud, agitación, ansiedad o irritabilidad.

- Un sentimiento insoportable de culpa, inutilidad e impotencia.

3. De comportamiento

- Falta de interés por las actividades placenteras, incluyendo el sexo.

- Insomnio, despertar muy temprano por la mañana o dormir demasiado.

- Aislamiento de los amigos y la familia.

- Abuso de drogas o alcohol.

4. Cognitivos

- Dificultad para concentrarse.

- Falta de memoria.

- Problemas para tomar decisiones.

5. Espirituales

- Sentimiento de desesperanza, pérdida de la alegría o pesimismo.

- Carencia de un deseo de cambiar o mejorar.

- Falta de sentido y propósito.

- Preocupación por la muerte o el suicidio.

Casi todos hemos experimentado uno o más de estos síntomas en algún momento de nuestras vidas. Sería muy difícil ser "humano" y *no* tener días en los que comemos demasiado, fines de semana en los que sólo nos dedicamos a dormir o arrebatos en los que perdemos la paciencia con nuestros hijos o con el empleado del departamento de tránsito. Estas conductas aisladas no significan que estés deprimido. Sin embargo, si estás experimentando cinco o más de estos síntomas de forma constante durante un largo período de tiempo, entonces es posible que estés luchando contra alguna forma de depresión.

A medida que avanzaba en mi investigación, descubrí que la depresión se presenta de diferentes formas. Estas son algunas de las más comunes.

Depresión severa. Como su nombre indica, esta es la forma más severa de depresión. Puede desencadenarse a raíz de un solo evento traumático o puede desarrollarse lentamente como consecuencia de una serie de desilusiones o problemas en la vida. A menudo es difícil señalar la causa principal. Si sufres de *depresión severa*, es probable que se haya producido un notable cambio en tu rutina diaria o que hayas perdido el interés por actividades que antes disfrutabas mucho. Por ejemplo, puedes ser un gran amante de las mascotas, pero ahora ya no tienes ganas de sacar a pasear a tu perro. O tal vez eres un padre muy cariñoso, pero últimamente prefieres quedarte en la cama haciendo una siesta en vez de interactuar con tus hijos.

Distimia. Esta forma de depresión crónica y de bajo nivel, conocida también como "depresión moderada", a menudo persiste durante años. Si la padeces, es probable que *no* recuerdes ningún momento en que no te hayas sentido deprimido. Aunque la *distimia* puede afectar tu calidad de vida, la capacidad habitual que tienes para participar en tu trabajo, las relaciones con tu familia y las actividades sociales, generalmente no cambia de forma; en apariencia todo sigue igual. Esto hace que muchas veces la *distimia* no se reconozca.

Trastorno de adaptación. Es una forma leve de depresión que surge como resultado de un trauma específico como la finalización de una relación importante, la pérdida de un trabajo o la muerte de un ser querido. Mientras que la mayoría de las personas experimenta tristeza durante sucesos como estos, quienes padecen *trastorno de adaptación* necesitan más tiempo del esperado para adaptarse al cambio. A menudo, si sufres de esta clase de depresión, tu capacidad para participar en las actividades diarias se verá afectada.

Trastorno bipolar (síndrome maníaco depresivo). Las personas con *trastorno bipolar* experimentan altibajos extremos en ciclos desconcertantes. Estos cambios de humor pueden ser leves, moderados o severos. Durante una fase maníaca, puedes experimentar sentimientos exagerados de bienestar mezclados con estallidos tremendos de actividad. Durante una fase depresiva, a menudo resulta difícil salir de la cama por la mañana.

Trastorno afectivo estacional (SAD). Este trastorno, también conocido como "depresión invernal", está asociado con la falta de luz solar. Uno de los métodos convencionales de tratamiento incluye el uso de una lámpara solar.

Trastorno disfórico premenstrual (PDD). Se trata de una forma severa del trastorno común conocido como síndrome premenstrual. Si eres una mujer que sufre de PDD, es posible que experimentes brotes debilitantes de depresión en la segunda parte de tu ciclo. Generalmente, estos episodios remiten cuando comienza la menstruación o poco después.

Depresión posparto. Esta forma de depresión ha recibido una atención creciente por parte de los medios de comunicación durante los últimos años. Presenta todos los síntomas de la depresión más la preocupación excesiva por la salud del infante o pensamientos recurrentes sobre el daño que pueda hacerse a la criatura. Dura desde el nacimiento hasta que el bebé cumple un año.

Depresión psicótica. Además de muchos de los síntomas propios de la depresión, la *depresión psicótica* también puede incluir alucinaciones o ilusiones. En la mayoría de los casos, aquellos que sufren esta clase de depresión reconocen que sus pensamientos ilusorios no reflejan la realidad.

Depresión atípica. A pesar de su nombre, ésta es la forma de depresión más habitual. Si estás luchando contra la *depresión atípica*, es posible que notes un alivio temporal del pensamiento depresivo, generalmente en respuesta a un suceso positivo en tu vida.

Depresión agitada. Además de experimentar los síntomas clásicos de la depresión, las personas con *depresión agitada* están habitualmente inquietas, no pueden permanecer sentadas en el mismo sitio por mucho tiempo y tienen dificultades para concentrarse en una tarea hasta finalizarla. Por esta razón tienden a ocupar su mente con quehaceres triviales y de corto plazo.

Por supuesto, ésta no es una lista exhaustiva de todas las formas de depresión. Indudablemente existen otras variaciones, puesto que la enfermedad es tan individual como las personas que la sufren. Pero ten en cuenta lo siguiente: si lo que estás experimentando no coincide con ninguna de las descripciones anteriores, no significa que sea menos problemático. La buena noticia es que las herramientas que proporciona este libro son aplicables a todas las formas de depresión.

BREVE HISTORIA DE LA DEPRESIÓN

Históricamente, la depresión ha sido entendida de dos formas completamente distintas. En las culturas llamadas primitivas, la enfermedad mental solía adjudicarse a una fuerza o presencia externa. Se podía echar la culpa a una bruja que había hechizado al enfermo, por ejemplo, o a un súcubo que había visitado a la víctima durante la noche. En este contexto, la fuente de la enfermedad siempre se percibía como algo que había ingresado desde afuera en la conciencia de la persona. La Kabbalah también habla de esta posibilidad, pero nos referiremos a esto en mayor detalle más adelante.

A finales del siglo XIX, muchos miembros de la comunidad científica empezaron a desacreditar la idea de que los trastornos emocionales fueran causados por un agente externo. En su lugar, comenzaron a ver la depresión como una interrupción de la función neurológica normal del cuerpo o como un indicador de memorias reprimidas, deseos espantosos o trauma psicosexual. Las terapias influenciadas por los trabajos de Sigmund Freud compartían la presunción de que la depresión, la ansiedad y otros tipos de desesperación se originaban en la psique. Esto cambió el enfoque de una fuente externa a una interna, que es donde el campo de la psicología permanece todavía en la actualidad.

REINICIANDO

Hoy en día existe una gran variedad de tratamientos para combatir la depresión, entre ellos el psicoanálisis, la rehabilitación cognitiva, la modificación del comportamiento, terapias de palabra, bioinformación, terapia de arte y una gran cantidad de trabajos corporales. Sin embargo, los medicamentos se han convertido en la herramienta terapéutica más popular en la actualidad. La medicación más común es el tipo de fármacos conocidos como SSRI, o inhibidores selectivos de la reabsorción de la serotonina. En la actualidad, aproximadamente el 33% de los norteamericanos que están tomando antidepresivos experimenta algún tipo de alivio de los síntomas.

Sin duda, cada uno de los tratamientos mencionados tiene sus méritos; y aplicados individualmente, o en combinación, pueden permitirnos interactuar más fácilmente con el mundo, lo cual contribuye significativamente a mejorar nuestra salud mental. Sin embargo, desde un punto de vista kabbalístico, esos tratamientos se enfocan sólo en los *efectos* de la depresión, mientras que ignoran sus causas, su raíz. No me malinterpretes, somos afortunados de tener una conciencia tan profunda de la depresión y tantos métodos disponibles para tratar sus síntomas. Hemos hecho grandes progresos en el último medio siglo, cuando se rechazaba a aquellos que sufrían depresión, tratándolos como leprosos e internándolos de por vida en sanatorios. No obstante, todavía queda mucho trabajo por hacer.

REINICIANDO

Muchas personas que sufren de depresión tienen miedo de buscar ayuda porque se avergüenzan del estigma que todavía va unido a cualquier tipo de enfermedad que afecte a la mente. Algunos piden ayuda al médico de familia, quien, de no haber recibido una formación adecuada para detectar la depresión, puede que les prescriba una medicación para cada síntoma — un medicamento para el insomnio, otro para la falta de apetito, etc.— pero no tratará el problema raíz. Es cierto que algunos pacientes obtienen un diagnóstico preciso y un cuidado adecuado por parte de profesionales calificados, pero muchas veces estos beneficios son sólo temporales. Esto significa que aunque la mayoría de las personas se recupera del episodio depresivo inicial, la tasa de recurrencia sigue siendo alta: cerca del 60% dentro de los dos años y el 75% dentro de los diez años. ¿Por qué tiende a reactivarse la depresión? Porque los tratamientos convencionales sólo ayudan al paciente a *adaptarse* a su condición. Afortunadamente, existe una alternativa.

Si estás considerando seriamente vencer a la depresión, puedes hacer algo más que simplemente sobrellevarla; puedes ir más allá de controlar los síntomas depresivos. Existe un espacio para vivir con más felicidad. Este enfoque es similar al de los profesionales de salud alternativa que enseñan la importancia de las medidas preventivas: si todos practicáramos regularmente formas más saludables de vida, sólo necesitaríamos los hospitales para emergencias como curar una torcedura de pie causada en un accidente de esquí o en el patio de recreo de la escuela. De la misma forma, si nos tomamos el tiempo para observar aquí y ahora la fuente de nuestra depresión, podemos ahorrarnos el viaje figurado hacia la sala de emergencias en el futuro.

Lo cual nos presenta la siguiente pregunta:

¿Qué hay exactamente en la raíz de la depresión?

REINICIANDO

¿Qué hay exactamente en la raíz de la depresión?

LA PÉRDIDA DEL DESEO

Según la medicina convencional, una de las consecuencias de la depresión es la falta de deseo. En otras palabras, según muchos médicos, la falta de deseo es un efecto de la depresión. El modelo de medicina tradicional nos dice que cuando estamos deprimidos perdemos el deseo, no sólo el deseo de nuestras necesidades básicas como comer, dormir, trabajar y asearnos, sino también el de hacer cosas que antes nos entusiasmaban: actividades como salir a correr, viajar, tejer, hacer palabras cruzadas, tener sexo, participar activamente en la política o mirar el partido de nuestro equipo favorito de fútbol los domingos por la tarde. Según el punto de vista predominante acerca de la depresión, si tratamos los síntomas, el deseo de llevar a cabo estas actividades retornará y cualquier otro efecto secundario acabará despareciendo.

Pero, según la Kabbalah, la medicina convencional está equivocada. El motivo es el siguiente:

Según la perspectiva kabbalística, la falta de deseo es la causa de la depresión y no el efecto.

REINICIANDO

Para que este punto quede bien claro:

La falta de deseo viene primero; es la raíz del problema.

Desde la perspectiva de la Kabbalah, pues, no necesitamos comenzar una larga y difícil búsqueda para curar nuestra depresión y así recuperar nuestro deseo. Por el contrario, *podemos luchar y vencer nuestra depresión trayendo nuevamente el deseo a nuestras vidas.* Ésta es una distinción drástica, emocionante y poderosa. Porque si estamos deprimidos y creemos que necesitamos superar nuestra depresión para recuperar el deseo, podemos pasarnos años buscando la fuente de nuestra depresión sin encontrarla. Sin embargo, con esta nueva perspectiva kabbalística, ya sabemos cuál es la fuente de nuestro problema: hemos perdido el deseo. La buena noticia es que éste es un estado que podemos remediar. Después de todo, saber lo que tienes que hacer es la mitad del camino hacia tu objetivo. En esta dirección, existen muchas acciones que puedes emprender para reconectarte con tu deseo. Cuando reconectas con tu deseo, reconectas con la vida y con toda su profundidad y su riqueza.

Pero, antes de profundizar en las estrategias específicas, analicemos detalladamente qué es el deseo.

El deseo no está muy bien visto. Muchas personas creen que para tomar el camino espiritual, primero deben librarse del deseo, que el deseo en sí mismo es lo que causa tantos estragos en nuestra vida. Nada podría estar más lejos de la verdad. Según la Kabbalah, el deseo es la fuerza más importante de nuestra vida diaria; es lo que nos anima y, por lo tanto, es esencial en nuestra existencia.

Es el deseo de agua lo que hace que busquemos algo para beber; nuestro deseo de descansar lo que nos lleva a buscar un sitio donde dormir; nuestro deseo de amar lo que nos lleva a buscar una pareja; y es nuestro deseo de grandeza lo que nos permite sortear obstáculos que parecen invencibles para poder lograr cosas extraordinarias. Incluso los deseos que nos extravían de nuestro camino son esenciales, porque sin ellos, nunca creceríamos ni cambiaríamos.

El deseo lleva a la acción. Si no deseáramos algo, no moveríamos ni un dedo para conseguirlo. La depresión surge cuando perdemos contacto con nuestro deseo, y esto es lo que vamos a explorar y remediar aquí.

La Kabbalah nos explica que existen cuatro niveles de deseo:

REINICIANDO

1. Nada de deseo.

2. Intentar: estamos intentándolo, pero no con todos nuestros recursos.

3. Hacer el esfuerzo extra: estamos haciendo un esfuerzo sincero y nos mantenemos enfocados en el objetivo.

4. Lograrlo cueste lo que cueste: hacemos todo lo que está a nuestro alcance para conseguir el objeto de nuestro deseo. Ningún otro resultado nos conformará.

La mayoría de las personas funciona en el nivel de intentar y ocasionalmente reúne la energía necesaria para llegar al tercer nivel. Sin embargo, quienes sufren de depresión se encuentran estancados en el nivel uno, viviendo en un nivel de conciencia en el cual el deseo no existe en absoluto. Pero esto no es vivir, sino meramente existir, porque la alegría no puede florecer en la ausencia del deseo. Y si no hay alegría, nos sentimos como si viviéramos en la oscuridad.

La pregunta que nos hacemos ahora es: ¿cómo nos libramos de la oscuridad? Es simple. ¿Cómo transformas una habitación oscura? Enciendes la luz, por supuesto. La luz nos permite ver la variedad de colores y texturas de una habitación que un segundo atrás se hallaba en la oscuridad total. En una habitación bien iluminada puede empezar la verdadera vida. En términos kabbalísticos, la luz que tiene el poder de iluminar una habitación en penumbra es una metáfora para algo mucho más brillante.

La Luz, según la Kabbalah, es cada emoción positiva y cada momento de dicha que puedas imaginar, y fluye directamente de nuestro Creador. Esto significa que tenemos un suministro infinito de esta sustancia increíble y que sólo debemos encontrar el interruptor para activarlo. La buena noticia es que el objetivo está mucho más cerca de lo que pensabas. De hecho, la clave para vencer la depresión ha estado frente a tus narices todo este tiempo. Por una sencilla razón: la cura de la depresión se nos presenta en la forma de nuestras luchas diarias.

Sí, nuestras luchas diarias.

Los contratiempos menores y no tan menores; las interacciones complicadas con los hijos, cónyuges y amigos; nuestros plazos de entrega en el trabajo. Las experiencias que no son fáciles. Ya sabes a lo que me refiero. Lo creas o no, estas luchas son las que nos brindan la oportunidad que necesitamos para transformar nuestro dolor personal en alegría incondicional e ilimitada. Sin una tierra fértil, una semilla no podrá crecer. Lo hermoso de todo esto es que nuestros desafíos cotidianos están diseñados perfectamente para maximizar nuestro crecimiento espiritual y emocional.

Sobra decir que no siempre manejamos nuestros obstáculos diarios con la gracia con la que nos gustaría hacerlo. Con frecuencia no satisfacemos nuestras propias expectativas o las expectativas que los demás depositan en nosotros; los defraudamos y nos defraudamos. Muchas veces sentimos que fracasamos y es posible que este sentimiento de fracaso haya sido la primera causa de nuestra depresión. Sin embargo, según la Kabbalah, parte de nuestro propósito como seres humanos es precisamente caer.

¿A qué me refiero con "caer"? A decir o hacer algo hiriente, hacer trampa, no ser honesto, hablar mal de un amigo o un pariente o tomar malas decisiones que afecten a los demás. En otras palabras, caer es cometer un error, el tipo de error que todos los seres humanos cometemos. Sí, todos; incluso los grandes kabbalistas.

Pese a que en ocasiones caer pueda ser incómodo o incluso doloroso, hay en la caída una gran belleza, *siempre que* escojamos aprender de nuestros errores y avanzar a partir de ellos. De esta forma, caer nos da la oportunidad de crecer y desarro-

REINICIANDO

llarnos, nos permite ser más de lo que éramos antes de caer, superarnos. Ésta es, en realidad, la única forma de avanzar.

Reflexionemos un instante sobre esto. Es un pensamiento simple, pero también una de las más grandes verdades que me enseñaron mis padres y que cambió mi vida por completo:

Cada vez que caemos y nos levantamos, creamos una mayor capacidad para que la alegría, o la Luz, entre en nuestras vidas.

De hecho, el proceso de caer, levantarnos y avanzar nos aporta más Luz de la que se manifestaría si no hubiésemos caído. En presencia de esa Luz todopoderosa, la oscuridad de nuestra depresión dejará de existir. Lo cierto es que no hay fracaso posible si vemos nuestros errores como parte del proceso de crecimiento en lugar de pretender ser perfectos. En la Kabbalah no existen los errores; sólo las oportunidades.

LA HISTORIA DE SAM

Una de las mujeres que trabaja en el Centro de Kabbalah de Los Ángeles tiene un hijo a quien llamaremos Sam. Sam siempre dejaba las tareas para el último momento. Cierta vez, estando en séptimo curso, se atrasó tanto con sus tareas que tuvo que completar 25 actividades sólo para estar a la par de sus compañeros. La enormidad del trabajo que le esperaba sumergió a Sam en la depresión. No podía dejar de reprenderse por lo mal que lo había hecho. ¡Qué error fatal había cometido y en menudo lío se había metido! Se convenció de que era una mala persona y comenzó a perder de vista sus dones, así como la oportunidad que la situación le estaba presentando. Como nos sucede a la mayoría de nosotros en la agonía de la depresión, Sam se sintió incapaz de hacer algo que lo ayudara, por lo que su situación empeoró todavía más. Pero entonces su madre le explicó que si dirigía su esfuerzo en completar esas tareas, sin importar lo agobiantes que pudieran parecerle, atraería Luz a su vida.

La madre de Sam tenía razón. He aquí el porqué:

Tal como mencioné antes, todos estamos repletos de deseos que son esenciales para vivir. Concretamente, nuestro Creador nos diseñó como criaturas de deseo. Fuimos hechos para ser

como una taza —o en el lenguaje de la Kabbalah, una Vasija—
que constantemente anhela ser llenada. Esta Vasija que es
anhelo perpetuo se llama Deseo de Recibir. En términos kabbalísticos, nuestro deseo es nuestra Vasija. Cuanto más grande es
nuestro deseo, más grande es nuestra Vasija, y viceversa.
Repito, es igual que una taza: cuánto más grande sea la taza,
más líquido podrá contener.

Pero a diferencia de una taza que se llena con sustancias tan-
gibles, nuestros deseos van dirigidos hacia cosas intangibles,
como alegría y amor, placer y entusiasmo, seguridad y comodi-
dad. Ansiamos todas esas cosas buenas pero no sabemos
dónde encontrarlas. Sin embargo, lo que la mayoría de
nosotros no sabe es que podemos acceder a ellas en todo
momento. Se presentan en forma de Luz, de lo cual hablamos
anteriormente y seguiremos discutiendo en la segunda parte
del libro. Cuanto más grande sea nuestra Vasija, mayor será su
capacidad para albergar Luz. Y cuando expandimos nuestra
Vasija enfrentándonos a un desafío, aumentamos la cantidad
de energía divina que fluye hacia ella. Nuestro deseo crece y la
Luz se apresura a llenarlo. Y puesto que la falta de deseo es la
causa de la depresión, aumentar el deseo llevará inevitablemente a vencerla.

Por supuesto, también tenemos el poder de hacer todo lo contrario: encoger nuestra Vasija y con ella nuestro deseo. Esto es

lo que hacemos cada vez que nos enfrentamos a un desafío y elegimos retroceder ante el miedo. Cuando nos apagamos por completo y nos ponemos en "modo de evasión", nuestro deseo se marchita y nos desconectamos del flujo de la Luz de vida. Nuestro potencial de plenitud desciende vertiginosamente y quedamos reducidos a un estado de oscuridad.

Sin embargo, si nos enfrentamos directamente a una situación y resistimos el deseo de apagarnos, abandonamos el lugar de víctima de las circunstancias, de mero efecto, y nos convertimos en la causa de nuestro propio destino. Así, nos parecemos más al Creador, que es la causa de todas las grandes cosas. Y cuanto más reflejen nuestros actos los actos del Creador, más Luz traerá el Creador a nuestro mundo. ¿Por qué? Porque la Ley de la Atracción establece que lo similar se atrae. Si te comportas como el Creador, recibirás lo que el Creador ofrece: la satisfacción divina en forma de Luz.

DONDE HAY LUZ NO PUEDE EXISTIR LA OSCURIDAD

Por si eso no fuera suficiente, hacer frente a la adversidad y atraer Luz a un mundo gris y apagado conlleva otra ventaja. Una vez que reconoces el poder de tus elecciones y eliges avanzar, tu autoestima se eleva. Con cada paso proactivo que das, te sientes más y más capaz como ser humano porque ves cuánto *puedes* hacer, en lugar de inhibirte por lo que sientes que *no puedes* hacer. Un simple paso ya activa y aumenta la Luz dentro de ti. Pero no tienen que ser pasos agigantados ni grandes saltos; un paso de bebé es suficiente. Con cada paso crece tu confianza y te vas acercando poco a poco a tu verdadero potencial.

Recuerda que la grandeza no es el resultado de lo que obtienes en la vida, sino el resultado de lo que superas. Hay muchísimas personas que aun habiendo alcanzado grandes éxitos viven atormentadas por la inseguridad y la ansiedad. Por el contrario, la gente que se ha enfrentado a la adversidad y ha aprendido a superarla se ha vuelto más sabia y segura de sí misma como resultado.

La clave está en comenzar el proceso desde el lugar exacto en el que te encuentras en este momento. Una vez que das el primer paso, activas la Luz —enciendes el interruptor de luz, por así decirlo—; entonces tu mundo se vuelve más luminoso *instantáneamente*. Lo difícil es dar el primer paso. Pero no te preocupes, nosotros te mostraremos cómo progresar, sea cual sea la circunstancia en la que te encuentres.

Ahora volvamos a la historia de Sam. Gracias al aliento de su madre, Sam se puso a trabajar. Al principio sintió poca alegría, pero después de la tercera o cuarta tarea, el deseo de Sam de completarlas se activó. Empezó a sentirse capaz, y como consecuencia reconoció su valor inherente como ser humano. Experimentó su verdadera creatividad y su habilidad. Al terminar la mitad de las tareas, comenzó a sentirse bien consigo mismo. Y cuando finalizó todas, adquirió un nuevo respeto por su propio poder y empezó a sentirse cada vez más seguro de que podría enfrentar también otros desafíos. Ahora, cada vez que Sam decida levantarse tras una caída, atraerá más Luz.

Otra lección vital que aprendió Sam es que está bien cometer errores. En realidad, cometerlos es el propósito de la vida: caerse, aprender y crecer. Está en nuestra naturaleza sentirnos avergonzados y culpables por nuestras debilidades. Sin embargo, una vez que reconozcamos que nuestros rasgos negativos son en realidad dones disfrazados, veremos que cometer ese error tan temido es lo correcto y que no tenemos nada por lo que sentirnos mal. Una vez que asumamos que nuestros errores nos dan la oportunidad de hacernos más grandes de lo que nunca imaginamos, enfrentarnos a nuestra oscuridad cara a cara será liberador y nos dará poder. Es exactamente en este punto donde la Kabbalah se diferencia de los enfoques convencionales: desde una perspectiva kabbalística, la oscuridad es el camino verdadero hacia la Luz. Al vencer la oscuridad, revelamos nuestros verdaderos dones. ¡Qué forma tan radicalmente distinta de mirar la depresión!

Por supuesto, si una de las mejores formas de derrotar a la oscuridad y revelar la Luz es transformar nuestros rasgos negativos, para dar comienzo a este proceso debemos primero encontrar algunos de esos rasgos. ¡Algo que la mayoría de nosotros puede hacer! Pero ten en cuenta que la forma más eficiente y precisa de identificar nuestros rasgos negativos es cayendo. Retrasarse con su tarea permitió a Sam reconocer —aunque de forma dolorosa— que tenía problemas para organizar su tiempo y que siempre dejaba las cosas para más tarde. Si no hubiera caído, Sam habría permanecido ignorante de sus cualidades menos positivas y habría perdido la oportunidad de transformar su negatividad en Luz. Por otra parte, si hubiera escogido permanecer hundido en la depresión, habría pasado por alto una oportunidad para revigorizar su deseo.

Eludir sus responsabilidades resultaba muy tentador para Sam, igual que para todos nosotros, y especialmente aquellos que sufren depresión y que a menudo se sienten aplastados por sentimientos de culpa y desamparo. Muchas veces nos encontramos preguntándonos por qué deberíamos molestarnos en realizar ninguna acción cuando sería más fácil esconder la cabeza en la arena. Pero es precisamente en este trance donde aparece nuestro verdadero poder, en el momento en que nos resistimos al deseo de desconectarnos y acurrucarnos como una pelota. El acto de resistir es el que crea la Luz en nuestras vidas.

REINICIANDO

¿Sientes que el esfuerzo por *no* caer en la tentación de desconectarte es como una lucha constante y sin fin? De ser así, existe una buena razón para ello: es porque estás luchando contra una fuerza que hace todo lo posible por mantener en un mínimo absoluto tu deseo de conectarte con la alegría y la felicidad. En la Kabbalah, esta fuerza se llama el Oponente, y su único objetivo es mantenernos viviendo en la oscuridad. ¿Qué es el Oponente? Es tu propio ego, que aspira a preservar tu ignorancia acerca de su verdadero propósito.

Volveremos a hablar sobre el tema del Oponente más adelante. Por ahora, todo lo que necesitas saber es esto: cuando existe el deseo y la Luz, es muy difícil para el Oponente dar un golpe. Recuerda: no necesitamos librarnos de la depresión para encontrar nuestro deseo, sino que necesitamos aumentar nuestro deseo para librarnos de la depresión.

Si atraes más deseo a tu vida, tu depresión comenzará a disiparse. La oscuridad y la Luz no pueden coexistir. Como consecuencia, cuando te conectas a la Luz, la depresión se ve forzada a retirarse rápidamente.

REINICIO RÁPIDO DEL SISTEMA: EJERCICIO 1

Cuando decidiste leer este libro, lo hiciste porque tú o alguna persona que amas está sufriendo de depresión. ¡Felicidades por haber dado un paso proactivo hacia la recuperación! Si eres tú quien está experimentando la depresión, permíteme por un momento derramar algo de Luz en tu oscuridad. Recuerda que superar la depresión comienza con un paso pequeño. Demos juntos, pues, este primer paso.

Toma lápiz y papel y contesta a las siguientes preguntas. Verás que existe un gran poder curativo en el acto físico de la escritura. Ello se debe a que cuando llevas el lápiz al papel estás llevando a cabo una acción, y esto inicia el proceso de aumentar tu deseo. Entonces, manos a la obra:

1. ¿Cuándo comenzaste a sentirte deprimido?

_____

_____

_____

_____

_____

2. ¿Cuál dirías que es la causa de tu depresión?

_____

_____

_____

_____

_____

3. ¿Sientes que has cometido un error o has fracasado en alguna tarea? De ser así, describe tu experiencia.

_____

_____

_____

_____

_____

4. ¿Fue una experiencia personal la que te reveló algunos rasgos de tu persona que te disgustan? De ser así, describe esos rasgos y por qué consideras que son negativos.

_____

_____

_____

_____

_____

Si responder a estas preguntas te resulta complicado o doloroso en este momento, es posible que sea porque cuando nos encontramos en la oscuridad de la depresión nos es muy difícil creer que podemos cambiar algo en nuestra vida. A menudo nos encontramos demasiado sumergidos en la creencia de que hay algo malo en nosotros y que de alguna forma somos menos que otras personas: que tenemos menos talento, menos valor, menos capacidad, o que somos menos graciosos, menos bonitos o menos seguros. Nos sentimos incapaces de dar el más mínimo paso para traer alegría a nuestra vida. A través del lente distorsionador de la depresión, nuestros errores y rasgos negativos parecen insuperables. De hecho, muchas veces percibimos nuestras acciones negativas como algo tan terrible, que sentimos que no merecemos ser perdonados y nos damos por vencidos. Nos preguntamos: "¿Qué sentido tiene intentar hacerlo mejor, si ya lo hemos echado todo a perder?". Pero recuerda que estos pensamientos son sólo maquinaciones de nuestro ego y que hay más que suficiente Luz en este universo para superar cualquier duda y vergüenza que puedas sentir. Si te abres a esta posibilidad, aunque sea por un momento, permitirás que entre un poco de esta Luz amorosa en tu vida.

Y no lo olvides: cuanto más indeseable sientas que es el equipaje que llevas a cuestas, más oportunidades tendrás de transformar esta negatividad en alegría. Esto puede parecer contradictorio, pero es la verdad. Y, afortunadamente, no tienes que aceptar mi palabra sin más; sólo continúa utilizando la tecnología de la Kabbalah, y podrás comprobarlo por ti mismo. De nuevo, si necesitas ayuda con este ejercicio o simplemente necesitas hablar, no dudes en llamar al 1-800-KABBALAH (si llamas fuera de los Estados Unidos, consulta nuestros teléfonos internacionales en la pág. 223) y hablar con un profesor. También te animo a que contestes las preguntas anteriores antes de continuar leyendo.

LA CAÍDA DE ADÁN

Nadie es inmune a sentirse deprimido después de una caída. El texto sagrado de la Kabbalah, conocido como *El Zóhar*, explica que el propio Adán cayó en este espacio. Pero la lección principal que debemos aprender de la historia de Adán no es que Adán debería haber seguido las instrucciones de Dios, sino que debería haber visto la oportunidad que su falta de juicio le reveló en ese momento. Rav Áshlag, uno de los Kabbalistas más importantes del siglo XX, escribió en uno de sus ensayos que Adán y Eva *tenían* que caer para que fuera posible la creación del mundo en el que vivimos.

Por lo tanto, según los kabbalistas, la caída de Adán no fue en absoluto un error, sino que caerse estaba escrito en su ADN. El verdadero desafío de Adán era aprovechar la oportunidad para superar su mala acción y volverse a levantar para corregir su error. En otras palabras, la caída de Adán no fue física; fue una caída en su conciencia. Al no poder reconocer su error como una oportunidad para revelar Luz, Adán olvidó el propósito para el que había venido al mundo.

Así, cuando Dios le preguntó a Adán: "¿Dónde estás?", ¡no quiere decir que Dios no podía encontrar a su propia creación porque estaba escondida detrás de un arbusto! Dios se estaba cuestionando el estado de conciencia de Adán. Le estaba preguntando a Adán adónde había ido dentro de su propia conciencia. Al hacer caso omiso de los deseos de Dios, Adán vio la gravedad de su error y pensó que lo había echado todo a perder. *El Zóhar*, que ayuda a decodificar los mensajes ocultos de la Biblia, explica que en lugar de verlo como una oportunidad para aceptar la responsabilidad por sus acciones, Adán se retiró aun más en sí mismo. De hecho, pasó los siguientes 130 años generando más negatividad en el mundo y sumido en sus propias limitaciones. Podríamos decir que Adán fue la primera persona en sufrir de depresión y en padecer los duros juicios sobre uno mismo que ésta causa y que son frecuentemente el motivo que nos lleva a alejarnos no sólo de la sociedad, sino también de nosotros mismos.

Este tipo de auto-incriminación encoge nuestra Vasija y extingue nuestro deseo casi por completo. En la depresión, caemos en la trampa de creer que no tenemos derecho a desear la alegría y que no nos merecemos la felicidad. Lo que muchas veces no alcanzamos a comprender es que estos duros reproches hacia nosotros mismos nos desconectan de la felicidad que tanto ansiamos. Cada vez que nos recuperamos después de una caída, *a pesar* de nuestra tendencia a atormentarnos por ello, estamos un paso más cerca de librarnos de la depresión. No estoy diciendo que este proceso sea fácil, pero sí que es curativo. Por eso, a partir de este momento, intenta ver tus pasos fallidos, tus errores, tus "soy menos que" y tus caídas, no como una justificación para auto-castigarte y desconectarte emocionalmente, sino como una oportunidad para transformarte y crecer.

Cuando los estudiantes vienen a pedirme consejo, les recuerdo que no fuimos creados como ángeles, sino como seres humanos con una tendencia inherente a caer. Tal como mi madre solía decir, los ángeles viven en el cielo, los humanos en la tierra. Estamos destinados a cometer errores y debemos reconocerlos por lo que son e intentar hacer algo diferente la próxima vez. Mi madre también solía decirme: "¿Por qué crees que los lápices tienen una goma?". . .

Los errores no solamente están bien, sino que además son una parte inevitable del ADN del mundo físico. Por tanto, sería conveniente que aceptaras la idea de que todos vamos a caer. Sin embargo, esto no significa en modo alguno que tengamos que vivir con miedo, desconectados del mundo y de la vida para asegurarnos de que nunca cometeremos errores. Por el contrario, ¡deberíamos aceptar nuestra naturaleza inherente! Porque, sin errores, nunca podríamos crecer.

Piensa en la mítica ave fénix. Cada vez que esta increíble criatura alada se levanta de sus propias cenizas, emerge con mucho más poder. Y es así porque para ella, igual que para todos nosotros, ¡cometer errores es una causa de celebración! Cuando volvemos a ponernos de pie, nos alineamos con nuestro propósito en este planeta al tiempo que activamos el deseo de cambiar. Cada vez que nos conectamos con nuestro deseo, aplicamos el antídoto de la depresión en su misma raíz.

La clave es no desconectarnos ni encerrarnos con el propósito de proteger nuestro ego, sino enfrentarnos a las consecuencias de nuestras acciones y crecer gracias a ellas.

PARTE DOS

EL PODER DE LA LUZ

REINICIANDO

Según la Kabbalah, la vida está hecha para ser colmada con la Luz de la alegría. No estamos aquí para sufrir, sino para obtener la plenitud, cuya fuente es la conexión con la Luz. Pero, ¿qué es la Luz? Ya lo hablamos antes, pero entremos un poco más en detalle. Puede que recuerdes que la Luz es una poderosa energía que está dentro de cada uno de nosotros y de cada elemento de este planeta: desde las rocas, hasta los robles, los elefantes y el aire que respiramos. El poder de curarnos se halla no sólo dentro de nosotros, sino también a nuestro alrededor. La Luz está en todas partes.

La Luz es alegría infinita, amor incondicional y compasión, tanto hacia nosotros como hacia los demás. La Luz existe desde antes del origen de la humanidad; de ella provenimos y hacia ella nos dirigimos. Todos la hemos experimentado, aunque haya sido por un breve instante. En cualquier momento que nos hayamos sentido verdaderamente felices, que la dicha nos haya envuelto entre sus brazos, ese estado positivo de plenitud fue una chispa de Luz. El sobrecogimiento que se siente con el nacimiento de un niño, la satisfacción de finalizar un cuadro, un poema o una receta, el regocijo de encontrarse nuevamente con un viejo amigo o un gran amor, la belleza prístina de una cadena de montañas en la profundidad del invierno, el consuelo de ese ser querido que está sentado en una silla a nuestro lado: la fuente de todas estas chispas de placer y plenitud es la Luz.

REINICIANDO

Con frecuencia me piden que describa cómo sería vivir enteramente en la Luz, es decir, disfrutar de una conexión constante
y no sólo de algunas chispas transitorias. Según la Kabbalah,
vivir en este reino es 60 veces más placentero que el mejor
orgasmo, ¿puedes imaginarlo? Experimentar ese estado constante de satisfacción requeriría una inmensa capacidad de
plenitud, dicho en términos kabbalísticos: una gran Vasija. Ésta
es la razón por la que debemos expandir continuamente nuestra Vasija y nuestro deseo de ser capaces de contener toda esa
plenitud. A decir verdad, necesitaríamos una taza infinitamente
grande para dar cabida a toda la bondad y plenitud divina que
está disponible y accesible para cada uno de nosotros.

Si vivir dentro de la Luz es una bondad divina que sobrepasa
nuestra imaginación, entonces todos sabemos lo que significa
vivir apartados de la Luz; no hay una forma de vivir que esté
más alejada del éxtasis. Vivir así nos hace sentir inseguros y
precarios, como si pisáramos terreno resbaladizo mientras
cargamos el peso del mundo sobre nuestros hombros. Nos
pasamos la vida siendo balanceados entre estos dos estímulos
externos. En semejantes condiciones, no es de extrañar que
nos resulte tan difícil encontrar nuestro camino, ¡y mucho más
hallar la verdadera paz!

Así como los hechos externos pueden fácilmente generar sentimientos de felicidad en nuestra psique emocional, también

pueden desencadenar dolor. La muerte, el hambre, una pérdida, el fracaso, todas estas cosas pueden apartarnos de la felicidad. Vivir en la Luz significa dejar de estar a merced de los hechos que suceden fuera de nosotros. No obstante, esto no significa que debamos aislarnos de la vida. En absoluto. En realidad, se trata simplemente de cambiar la forma en que vemos la vida, lo cual nos sirve para transformar el nivel de conciencia en el que estamos viviendo.

Vivir en la Luz también implica dejar de ver las situaciones o las personas en nuestra vida como "malas" o "buenas". ¿Qué hay de perjudicial en ello? En el momento en que definimos algo en nuestra vida como "malo", resulta casi imposible que podamos ver a esa persona o ese suceso como la verdadera oportunidad de crecimiento que realmente representa.

Supongamos que estás en una escuela de estudios de postgrado haciendo un gran esfuerzo para obtener tu doctorado. Te dices que si no finalizas la disertación y te gradúas en mayo, habrás fracasado. En tu mente, no llegar a graduarte en mayo es el peor resultado que puedes imaginarte. Por lo tanto, cuando llega mayo y todavía no has finalizado tu trabajo, te deprimes y te enfadas contigo mismo. Lo que sucede aquí es que has otorgado un significado específico al hecho de graduarte en un momento determinado. Has asociado graduarte en mayo con el momento "correcto" para graduarte, quizá incluso con el "único" momento para graduarte. Por ello, en tu mente, no terminar tus estudios en esa fecha sería "malo". Como consecuencia, al llegar el momento y no cumplir con las expectativas que has puesto sobre ti mismo, te acabas calificando a ti mismo también como "malo".

Nos hacemos esto a diario, todo el tiempo. Construimos mentalmente situaciones basadas en significados arbitrarios que asignamos a diversos sucesos. Por ejemplo: si esta persona me halaga, quiere decir que tengo valor; si finalizo esta tarea, significa que soy un éxito; si no logro una A en la prueba, entonces soy un fracasado. ¿Puedes ver cómo el pensamiento en "blanco y negro" está en funcionamiento en todos estos casos? Pero el Creador no ve la vida en términos de blanco y negro. ¿Por qué entonces deberíamos hacerlo nosotros? Recordemos que la Luz contiene todos los colores del arco iris. Sin embargo, cuando nos quedamos atrapados en nuestro pensamiento en blanco y negro y condicional, perdemos de vista la realidad en la que vivimos; y es precisamente en esta realidad donde abundan las posibilidades y el potencial.

La solución a esta forma de vida radica en un cambio total en nuestra manera de ver a las personas y los hechos que nos ocurren. ¿Qué pasaría si en lugar de asignarles un significado basándonos en lo que creemos que es "bueno" o "malo", consideráramos todo lo que sucede en nuestro camino como una oportunidad diseñada especialmente para sacar el mayor partido de nosotros mismos y ayudarnos a revelar nuestro verdadero potencial? Cuando percibimos las experiencias de esta manera, nuestra vida se enriquece y todas las situaciones que vivimos cobran un significado mucho más profundo.

Además, según este punto de vista ya no nos basamos en algo exterior para definir quiénes somos. Porque cuando nos definimos a nosotros mismos a partir de los sucesos o los objetos externos, nuestra autoestima cambia de un momento a otro. Nos sentimos valiosos o insignificantes según las circunstancias. Así, es posible que por la mañana se nos ascienda en el trabajo y en consecuencia nos sintamos competentes, pero que durante la pausa del mediodía nuestra pareja nos deje y entonces nos sintamos poco atractivos, carentes de valor y sin derecho a ser amados. Luego, esa misma noche, si nuestra mejor amiga nos dice que firmó el contrato de compra de su apartamento nos devuelve un poco de alegría, mientras que nos causa también un poco de envidia y nos hace sentir como un fracaso. Sin embargo, cuando vivimos con la Luz en nuestro interior, recibimos todos los sucesos con la misma sensación de posibilidad, lo cual significa que los hechos "buenos" y "malos" ya no existen como tales. Esto me recuerda el relato chino del campesino, su hijo y el caballo blanco. Lo contaré para aquellos que no lo conocen:

REINICIANDO

Había una vez un campesino que vivía con su hijo en una granja muy alejada de la aldea principal. Ambos tenían un solo caballo para arar sus campos. Era realmente un caballo magnífico; tanto que un día, paseando por las cercanías, el emperador escuchó hablar sobre él, y tan magníficas le parecieron sus cualidades que ofreció al campesino una gran suma de dinero a cambio del caballo. El campesino se negó a venderlo. Pero esa misma noche, mientras todos dormían, el caballo se escapó.

A la mañana siguiente, los aldeanos rodearon al granjero exclamando:
—¡Oh, qué horror! ¡Te has quedado sin el caballo y sin el oro del rey! ¡Nada tan malo podría haberte sucedido!

El campesino respondió:
—Quizá sea malo, quizá no. Todo lo que sé es que mi caballo se ha ido y no tengo el oro del emperador.

Pasaron varios días, y una mañana el magnífico caballo blanco apareció junto con otros seis hermosos caballos salvajes que aumentarían muchísimo su valor una vez fueran domados y entrenados.

Esta vez, los aldeanos se reunieron en torno al granjero y dijeron:

-¡Qué maravilloso! En poco tiempo serás un hombre muy rico. ¡Qué bueno lo que te ha ocurrido!

A lo que el campesino respondió:

-Quizá sea bueno, quizá no. Todo lo que sé es que mi caballo ha regresado trayendo con él seis caballos más.

A los pocos días, el hijo del campesino cayó de uno de los caballos salvajes mientras intentaba domarlo y se rompió las dos piernas.

Una vez más, los aldeanos acudieron a ver al granjero:

-¡Oh, qué tragedia! -le dijeron al campesino-, ¡nunca podrás domar a estos caballos tú solo y ahora no tienes a nadie que te ayude con el cultivo! Perderás mucho dinero y probablemente pases hambre. ¡Qué gran tragedia la que te ha sucedido!

REINICIANDO

El campesino respondió:
-Quizá sea malo, quizá no. Todo lo que sé es que mi hijo se ha caído del caballo y se ha roto las piernas.

Al día siguiente, el emperador pasó por allí reclutando hombres mientras llevaba a sus soldados a una brutal batalla contra el país vecino; la mayoría de ellos marchaban hacia una muerte segura. A causa de sus heridas, el hijo del granjero no fue reclutado.

Apenados por la pérdida de sus propios hijos, los aldeanos se acercaron al granjero y exclamaron:
-¡Tu hijo se ha salvado! ¡Bendito seas! Él no morirá como el resto de los jóvenes de la aldea. Al final resultó ser bueno que cayera del caballo y se rompiera las piernas.

A lo que el campesino respondió:
-Quizá sea bueno, quizá no. Todo lo que sé es que mi hijo no tuvo que unirse al emperador en esta lucha.

A pesar de que la historia finaliza aquí, es fácil imaginar que la vida del campesino continúe de la misma forma. Al tratar todos los sucesos externos de la misma manera, y al no añadir significado a cada giro inesperado de su vida, el campesino mantiene su Vasija abierta para recibir Luz. Por el contrario, los aldeanos continúan permitiendo que cada suceso balancee sus emociones igual que una rama de árbol durante la tormenta. Si nos comportamos como los aldeanos del cuento, nos arriesgamos a gastar nuestra valiosa energía buscando algo "bueno" o algo que compense una "mala" experiencia. Es esta búsqueda permanente de sucesos externos muy "buenos" — que por naturaleza son momentáneos y por tanto, en definitiva, insatisfactorios— la que nos hace sentir deprimidos.

Tomemos como ejemplo la economía. Supongamos que cada vez que hay una depresión económica el gobierno decide imprimir billetes en cantidad y distribuirlos a las personas que los necesitan. ¿Qué sucedería? Al principio todos estarían encantados, porque tendrían dinero para gastar cuando horas atrás no tenían nada. ¿Pero qué sucedería después? Como consecuencia de todo ese flujo de dinero adicional sin una economía fuerte que lo respalde, el costo de los bienes y servicios se dispararía. ¿Qué ocurriría entonces con las personas? Que estarían peor que antes. ¿Por qué? Porque ahora los bienes y servicios costarían más, por lo que el valor verdadero de la moneda sería aun más bajo que antes de producirse la depresión. Esto es lo que sucede cuando utilizamos métodos artificiales para mejorar nuestra economía... o nuestro estado mental. En ambos casos, ocasionamos un alza temporal y artificial que eventualmente causará nuestra caída. En cambio, cuando transitamos nuestra vida sin juzgar los acontecimientos como absolutamente positivos o negativos, y aceptamos la experiencia tal cual es, eliminamos la necesidad de alzas aparentes o inflaciones emocionales. En lugar de eso, obtenemos lo que es verdadero: una existencia alegre, bendita y llena de Luz.

Cuando cambiamos nuestra perspectiva en esta dirección, tenemos la capacidad de reconocer que todo lo que nos sucede —incluso lo que antes veíamos como "malo"— se convierte en una oportunidad para lo "bueno". De esta forma, si perdemos nuestro trabajo, nuestra pareja nos deja o tenemos un accidente no lo experimentaremos como un fracaso, sino que comenzaremos a ver la situación del mismo modo que si nos hubiesen ofrecido un puesto mejor. Concretamente, aprenderemos que cada situación puede ofrecernos la posibilidad de conectarnos con la Luz, siempre que la consideremos como una oportunidad para el crecimiento espiritual.

Permíteme compartir otra historia contigo para ilustrar este punto. Elizabeth comenzó a asistir a charlas en uno de nuestros Centros de Kabbalah hace varios años. En aquel momento ella tenía cerca de 40 años y había hecho muchos esfuerzos para tratar la depresión que estaba sufriendo. Yo la conocí en el momento en el que empezaba a sentirse mejor y se había propuesto investigar el significado espiritual de su existencia con más profundidad. Transcurridos unos meses, cuando había ganado confianza en la dirección que iba tomando su vida, Elizabeth perdió inesperadamente su trabajo. Como la situación la tomó de sorpresa, vivió esta pérdida como un duro golpe. En realidad, ella se sentía tan segura en su trabajo, que había comenzado a gestionar la compra de una nueva casa. La noticia la sumió en aquella espiral de dudas y miedos que ella ya conocía; se sintió fracasada por haber perdido su trabajo y se sintió peor cuando se convenció de que ya nunca podría comprar una casa ni encontrar trabajo en su campo, por lo que se vería obligada a regresar con sus padres mientras todos los demás a su alrededor vivían felices y disfrutaban del éxito. Todo el progreso que Elizabeth había logrado comenzó a desvanecerse y volvió a caer en depresión.

Durante aquel tiempo conversamos mucho; yo la alentaba a que viera su despido como un suceso neutro en su vida: no era ni bueno ni malo, simplemente "era". También discutimos algunas de las acciones que podrían haber sido la causa de que hubiera perdido su trabajo. Llegamos a la conclusión de que no había sido tan proactiva como hubiera podido serlo, y que no se había ocupado de algunas cuentas con la dedicación que su jefe esperaba de ella. Al principio le resultó difícil aceptar su propia responsabilidad en el despido. Pero yo seguí intentando que viera lo sucedido sin juzgarse y que incluso celebrara el descubrimiento de sus fallos, ¡porque sólo así podría comenzar a transformarlos!

Después de varios días inquietos, Elizabeth logró detener su descenso emocional. "No es ni bueno ni malo", se repetía, "simplemente ya no soy una empleada de esa empresa". A medida que se escuchaba decir esto, se iba sintiendo más tranquila. Y como no encontró otro empleo enseguida, en su tiempo libre empezó a frecuentar la biblioteca local con la intención de investigar una idea que había tenido para crear una empresa propia. Allí fue donde conoció a Alyssa, y se hicieron amigas rápidamente. A través de Alyssa conoció a Ralph, con quien más tarde contrajo matrimonio. Poco después, Elizabeth también encontró un empleo muy interesante y bien remunerado. Y entonces comenzó a ver su vida de forma similar al campesino del cuento: como si sólo consistiera en el momento presente. Su trabajo, su matrimonio y sus amistades no eran ni buenas ni malas, simplemente eran oportunidades para acercarse a la Luz.

Igual que Elizabeth, nosotros intentamos evitar los errores y los fracasos con la esperanza de que hacerlo nos traiga alegría a nuestras vidas. Vivimos con el temor constante de "ser descubiertos" y de que nuestros rasgos desagradables salgan a la superficie como la nata en una lechera. Pero una de las cosas más interesantes que quiero compartir contigo es la siguiente:

Aunque una persona viniera a este mundo y lo hiciera absolutamente todo bien en su vida y nunca cometiera ningún fallo, no estaría más cerca de su verdadero propósito en este mundo. Tampoco tendría más Luz ni experimentaría más plenitud que otra persona. ¿Por qué? Porque venimos a este mundo para cometer errores, y a través de éstos descubrir y transformar nuestros rasgos menos deseables. Al transformar estos rasgos en cualidades basadas en el acto de compartir, revelamos una hermosa Luz. Por lo tanto, si lo hiciéramos todo bien en la vida, en realidad no estaríamos haciendo nada. No estaríamos entendiendo la razón precisa de nuestra existencia, porque no estaríamos revelando Luz.

¿Recuerdas la figura del Oponente que mencioné anteriormente? Una de las mejores estrategias del Oponente es despertar el odio hacia nosotros mismos cuando vemos nuestras fallas, en lugar de regocijarnos en ellas. Hay una herramienta que me gustaría enseñarte y que sirve para contrarrestar este impulso. ¿Qué pasaría si al observar un rasgo indeseable en ti mismo, en vez de reaccionar con disgusto simplemente lo observaras? Intenta ser simplemente un observador en lugar de alguien que está involucrado emocionalmente en el resultado. Resiste tu juicio mientras lo observas desde afuera y fíjate en cuál es el resultado de ese rasgo. Nota la forma en que el rasgo ha socavado tu existencia y ha interferido con tus objetivos y expectativas. Pero no juzgues, sólo observa. De esta forma, estarás actuando como el Creador, que no juzga, sino que ama incondicionalmente.

Con frecuencia, tras hacer este ejercicio, algunas personas se acercan a mí odiándose todavía más y preguntándose cómo pueden corregir ese rasgo que han observado de forma tan diligente. Al principio, a nadie le gusta ver sus defectos, pero no es necesario que gastemos energía intentando arreglarlos. ¿Por qué? Porque según Rav Áshlag, nuestra naturaleza es rebelarnos contra aquello que nos parece repugnante. Una vez que hayamos observado a nuestro rasgo en acción durante un tiempo y hayamos sido testigos de los efectos que tiene en nuestra vida, lo abandonaremos de forma natural. Además, si nos permitimos experimentar la incomodidad que nos ha causado este rasgo y dejamos que nuestra esencia sienta repulsión hacia él, comenzaremos a transformarnos naturalmente. Seguir poniendo la mano en el fuego que nos está quemando es algo que va en contra de nuestra naturaleza. Una vez sintamos dolor, sacaremos la mano instintivamente.

En este caso, el fuego es el rasgo negativo. Cuando comprendes que poner la mano en el fuego te quema y te lastima, dejas de hacerlo, ¿verdad? El problema es que nuestras tendencias negativas a menudo nos causan sólo dolor indirecto, por lo que no siempre percibimos la conexión directa entre ambos. Ciertamente, sería maravilloso saber que: ESTA ACCIÓN = ESTE DOLOR, pero muy pocas veces esta ecuación se ve de forma tan clara. Sin embargo, si observamos pacientemente una tendencia negativa en nosotros y somos testigos de sus consecuencias a lo largo del tiempo, de forma instintiva y natural acabaremos sacando la mano de la llama.

Piensa en tu rasgo negativo como una mancha de suciedad o una bola de polvo en la esquina de tu habitación. Si la evitas o la escondes porque sientes vergüenza, esa suciedad nunca desaparecerá. Sin embargo, si la iluminas o concentras tu atención en ella, podrás ver dónde se encuentra exactamente: debajo del sofá, en la ventana o en la esquina de tu cuarto. A partir de ese momento, comenzará a molestarte hasta que finalmente tomes un paño y la limpies.

Cualquier rasgo negativo que poseemos —nuestra "basura", por así decirlo— no se diferencia de esa mancha. Cuando arrojamos Luz sobre nuestra basura podemos verla tal como es y podemos ver cómo nos afecta, y sólo en ese momento podemos comenzar a limpiarla. Por ejemplo, cuando empezamos a detectar las palabras negativas que utilizamos cuando hablamos con las personas que queremos, o las odiosas cintas que se reproducen en nuestra cabeza, de forma natural probamos un acercamiento diferente con el otro. ¿Por qué? Porque a estas alturas sabemos que si escogemos el mismo camino de siempre no obtendremos los resultados que buscamos. Pero si no somos conscientes de cómo se manifiesta nuestra basura, nunca nos sentiremos inclinados a cambiar nuestra forma de operar y nuestra basura continuará controlándonos.

Cuando juzgamos nuestras cualidades negativas y las ocultamos por vergüenza, estamos manteniéndonos en la oscuridad. Esto es así porque al negar nuestros rasgos negativos nos desconectamos de las bendiciones que la vida tiene preparadas para nosotros. En cambio, cuando transformamos esos rasgos en Luz, abrimos de pronto las pesadas puertas que dan paso a las bendiciones del Universo y éstas nos envuelven. Por lo tanto, nuestra verdadera tarea consiste en ver nuestros rasgos negativos desde la perspectiva de un espectador, un observador *imparcial*. Este simple paso abre una ventana a través de la cual la Luz puede entrar en nuestra vida y comenzar a transformar nuestros rasgos perjudiciales en resplandor.

LA DESCONEXIÓN

En términos kabbalísticos, la depresión significa que nos hemos desconectado de la Luz. Todos nosotros, seamos o no conscientes de ello, estamos intentando redescubrir de una forma u otra nuestra conexión con la Luz. Éste es nuestro propósito en la tierra. La depresión es simplemente una de las muchas formas posibles de perdernos en el camino, y en este sentido no se diferencia del alcoholismo, la ira, el gasto compulsivo o la falta de autoestima. Ninguno de estos temas es mejor ni peor que el otro; todos debilitan o rompen nuestra conexión con la Luz.

Una conexión rota con la Luz significa que nos separamos del placer, el entusiasmo y la euforia. La Luz es tan vibrante, alentadora y restauradora, que su pérdida puede tener efectos devastadores. Hay quienes buscan llenar el vacío con drogas, sexo o posesiones materiales, pero, en el mejor de los casos, todos estos estímulos sólo proporcionan una fugaz simulación de alegría, después de la cual la oscuridad inevitablemente regresa. Para todos aquellos que están luchando contra la depresión, la oscuridad puede resultar engañosa; puede sentirse como algo familiar o incluso actuar como un refugio del dolor. Así es como al Oponente le gusta hacerlo. Pero afortunadamente existe una alternativa a este camino tan transitado.

REINICIANDO

Cuando la oscuridad aparece, en vez de permitirle que nos envuelva, podemos reconocerla como una indicación gentil para que busquemos oportunidades que produzcan Luz. Más específicamente, la oscuridad que se acerca puede servir como un recordatorio de que es el momento de abrirnos y compartir nuestros dones con otros que están luchando aun más que nosotros. Y créeme si te digo que tienes dones; eso puedo prometértelo. Para cuando termines este libro, no necesitarás que te lo asegure para saber que es verdad desde lo más profundo de tu ser. Así que despídete de la amenazante oscuridad sonriendo a aquella mujer sin techo que está en la calle o descolgando el teléfono para llamar a un amigo que necesita tu apoyo. Impulsos como estos son invitaciones a dar la bienvenida a la Luz.

Otra forma de contrarrestar los episodios de depresión es buscar la belleza del momento. Supongamos, por ejemplo, que una madre que se siente agobiada y deprimida le contesta bruscamente a su hijo cuando éste le pide un vaso de zumo. A la depresión de esta madre se suma ahora su malestar por haber contestado mal a su hijo sin motivo alguno. A partir de ese momento, tendemos a sumergirnos cada vez más en la oscuridad. Pero, ¿qué pasaría si ella cortara este ciclo, si se arrodillara y le pidiera perdón a su hijo por su actitud? Como respuesta, el niño sonreiría y reconocería el gesto de su madre. ¿Quién podría negar el amor y la sinceridad de ese momento?

REINICIANDO

El potencial para la belleza y la Luz existe en cada momento, especialmente en aquellos que parecen desagradables e incómodos a primera vista.

Una de las claves para manifestar el potencial de la belleza es reconocer que existe una fuerza que quiere que no percibamos esos momentos tan especiales. Esa fuerza —el Oponente— preferiría que viéramos solamente el lado negativo de una situación en vez de que echemos una mirada más profunda para encontrar lo bueno de esa situación. En el ejemplo anterior, el Oponente llena a la madre de vergüenza, lo cual le hace más difícil admitir ante su niño que ha reaccionado mal. Pero si la madre es capaz de reconocer su error, puede aprovechar la inigualable oportunidad que se le presenta de enseñar a su hijo que está bien equivocarse y cometer errores.

Cuando luchamos contra fuerzas negativas como la vergüenza, nos conectamos con la Luz y nos damos permiso para disfrutar del momento presente. En vez de responder automáticamente de la misma forma ineficaz que lo hemos hecho en el pasado, advertimos la influencia del Oponente y nos abstenemos de reaccionar. Esto abre nuestra Vasija para recibir Luz y nos da el poder de transformar cualquier momento en una acción de inspiración divina, así como también en una oportunidad para establecer una conexión genuina y crecer.

REINICIANDO

Cuando luchamos contra la depresión, es muy útil recordar vivencias pasadas que han personificado la Luz. Un momento de inspiración creativa, una ocasión en la que realmente ayudamos a otro ser humano, un instante en el que pudimos comprender el sentido de la vida, una conexión profunda mientras hacíamos el amor, la contemplación de los copos de nieve a través de aquella ventana, el olvido de nuestros problemas aquel rato que pasamos jugando con un cachorrito, el abrazo de un amigo que no habíamos visto en mucho tiempo; todos éstos son ejemplos de conexión con la Luz. Y si has establecido esta conexión alguna vez, entonces puedes volver a hacerlo muchas veces.

Antes de continuar, me gustaría señalar un error común que todos cometemos, que es confundir una persona o una cosa con la Luz. Por ejemplo, en plena euforia del enamoramiento tendemos a asociar a la persona amada con un intenso sentimiento de felicidad, y en consecuencia identificamos el objeto de nuestro amor con la fuente de nuestra alegría. Si nos enfrentamos con la situación de su partida, tememos que nuestro bienestar se vea amenazado. Si bien es verdad que nuestra pareja también está compuesta de Luz, ella no puede extraer su Luz para dárnosla, de la misma forma que nosotros no podemos transferirle nuestro talento para tocar la guitarra o nuestra facilidad para hablar chino mandarín. En otras palabras, la persona amada no es la fuente de nuestra felicidad.

REINICIANDO

Podemos deleitarnos en el tiempo que pasamos juntos, pero es la interacción con la otra persona, no la persona en sí, lo que nos hace felices. Es nuestra capacidad para ocuparnos de la otra persona, estar presentes y compartir con ella lo que nos abre la puerta a la Luz. Cuando perdemos ese deseo de salir de nosotros mismos y estar plenamente presentes para el otro, comenzamos a caer en nuestros viejos modelos de inseguridad y miedo. Y cuando caemos en este nivel de conciencia, perdemos nuestra conexión con la fuente de todas las cosas buenas.

REINICIO RÁPIDO DEL SISTEMA: EJERCICIO 2

Hagamos una pausa aquí y pensemos en aquella vez o veces en las que sabías que estabas experimentando la Luz. He mencionado algunos ejemplos, pero sé que tú has vivido tus propias experiencias, que podrías listar en las líneas de abajo. Si te encuentras en la bruma de la depresión, es posible que te sientas como si te estuviera pidiendo que sacaras un conejo de un sombrero. Pero no es así, sólo debes reflexionar un instante. Respira profundamente y pídele a la Luz que te revele esas vivencias. Después de hacerlo, dedica un par de minutos a escribir acerca de cualquier momento dichoso que venga a tu mente.

_____

_____

_____

_____

_____

_____

_____

_____

_____

REINICIANDO

Cuanto más trabajemos juntos para eliminar la bruma de la depresión conectándonos con la Luz, más reconocerás la alegría que te rodea. Hacer una pausa para reflexionar sobre los momentos placenteros que has vivido te ayuda a cultivar un sentimiento de gratitud por todo lo bueno que hay en tu vida. Te recomiendo que utilices esta herramienta frecuentemente. Por favor, termina este ejercicio antes de continuar leyendo el próximo capítulo.

PARTE TRES

NUESTRAS DOS REALIDADES

REINICIANDO

Si te dieran la opción de entrar en una habitación llena de Luz radiante y cálida que te hiciera sentir amado y en paz o entrar en una habitación con una oscuridad sofocante, ¿cuál elegirías? Por supuesto, no dudarías en entrar en la habitación llena de Luz. Sin embargo, mi pregunta no es hipotética, ya que esta elección se te presenta todos los días, en cada pequeña decisión.

Si elegimos vivir una existencia llena de Luz, estamos escogiendo vivir en lo que los kabbalistas llamamos el Reino del 99 por ciento. Por el contrario, si escogemos llevar una existencia en la oscuridad y la depresión, estamos optando por el Reino del 1 por ciento. Estos dos reinos existen simultáneamente, y son nuestras elecciones y acciones las que determinan en cuál de los dos reinos viviremos. En nuestra existencia cotidiana, vivimos en ambos. Si sufrimos una depresión, vivimos la mayor parte del tiempo en el Reino del 1 por ciento. Tal como descubrirás en breve, nuestro trabajo como seres humanos puede atraer el Reino del 99 por ciento no sólo a nosotros mismos, sino también al resto del mundo. Podemos aprender a derramar Luz en los sombríos rincones y recovecos de nuestra vida interior y más allá.

El Reino del 1 por ciento es el que nos resulta más familiar y al que nos referimos comúnmente cuando usamos palabras como *fugaz*, *transitorio* o *externo*. Hemos pasado la mayor parte de nuestra vida en el Reino del 1 por ciento —igual que la mayoría de la gente que conocemos— aunque probablemente no seamos conscientes de ello. Éste es el reino físico, el reino de las emociones y de los cinco sentidos. Se llama Reino del 1 por ciento porque los antiguos kabbalistas, así como los físicos modernos, nos dicen que el 1 por ciento o menos de nuestro vasto universo es materia física y que el 99 por ciento restante es energía. Por ejemplo, cuando vemos un objeto como una mesa, asumimos que lo que estamos viendo es completamente sólido, pero no lo es. En realidad, la cantidad de materia que forma la mesa es infinitesimal, mientras que los campos de energía que rodean cada pequeña partícula son inmensos. Por lo tanto, una mesa es, en su mayor parte, energía vibrante y palpitante que adquiere la ilusión de lo físico.

Para ilustrar esta idea, pensemos en un monumento muy conocido: la Torre Eiffel. Los físicos dicen que la cantidad de materia física verdadera que forma la Torre Eiffel no llenaría más que una caja de cerillas. ¡Una caja de cerillas! El resto de lo que vemos y experimentamos ante esta inmensa estructura es energía.

Todo lo que existe en el Reino del 1 por ciento sufre de entropía (la segunda ley de la termodinámica), puesto que, en sus dominios, cada onza de materia física tiene un final.

REINICIANDO

Alguien construye un rascacielos; el viento, la lluvia y el aguanieve van desgastando su fachada hasta que finalmente el rascacielos comienza a desmoronarse. Nosotros nacemos, crecemos, envejecemos, tal vez enfermamos y finalmente morimos. No existe la posibilidad del infinito en el Reino del 1 por ciento. Nada que exista puramente como entidad física puede resistir a los efectos del tiempo.

El Reino del 1 por ciento también es el reino de la reacción y, por lo tanto, del caos. Cuando estamos conectados con el Reino del 1 por ciento, estamos conectados con nuestra naturaleza reactiva. Según la Kabbalah, nuestra naturaleza reactiva es la causa de todo nuestro sufrimiento. ¿Cómo es posible esto? Cuando en una situación determinada no podemos detenernos antes de reaccionar, no sólo estamos creando caos en ese momento, sino que también causamos que el caos vuelva como un bumerán a nuestras vidas más adelante. Es como empujar la primera pieza de dominó de una fila: una vez que cae la primera, ya no podrás detener la caída de las demás. El caos del Reino del 1 por ciento engendra más caos, cuando menos hasta que aprendemos a resistir nuestra naturaleza reactiva. En la Parte Cinco veremos formas específicas para resistir el comportamiento reactivo y cómo expandir nuestra Vasija para recibir Luz.

GRATIFICACIÓN INSTANTÁNEA

A pesar de que el Reino del 1 por ciento es un reino de caos, no podemos negar que ofrece una gran cantidad de placeres instantáneos. Seamos honestos: no permaneceríamos atrapados en este reino si lo percibiéramos como puro dolor. Aun cuando estamos deprimidos podemos recordar momentos de placer, aunque no podamos experimentarlos como tales en ese momento. Ver películas por la noche, viajar con amigos, cocinar comida casera, enamorarse, cuidar el jardín, resolver un problema, construir la casa de nuestros sueños: todas estas cosas son placenteras. Pero ten cuidado: no confundas placer momentáneo con alegría genuina.

La alegría es sustancial y duradera, mientras que el placer, por naturaleza, es efímero. Intenta recordar una ocasión en la que una situación placentera haya perdurado en su forma original y prístina. Es imposible, ¿verdad? El calor del verano acaba causando sudor, dolor de cabeza y quemaduras. El trabajo del que estamos tan orgullosos cambia cuando aparece el nuevo jefe o cuando nuestro interés se orienta en otra dirección. El enamoramiento inocente se convierte en frustración cuando una de las partes no logra dar la emoción y el cariño necesarios para alcanzar el amor duradero. Hasta el sexo se vuelve monótono y aburrido si la conexión es sólo física. Es bueno experimentar los placeres del Reino del 1 por ciento y obtener satisfacción de ellos, pero no debes olvidar que esos placeres son pasajeros. No pueden otorgarnos la felicidad permanente ni librarnos de la depresión. Si estamos buscando soluciones para la depresión únicamente en el Reino del 1 por ciento, sólo encontraremos diversas formas de sobrellevar nuestra depresión, pero no la forma de vencerla.

Y esto es así porque:

Cuando nos enfocamos y vivimos en el Reino del 1 por ciento, nos encontramos en afinidad con una dimensión que no tiene Luz propia.

Desde la perspectiva kabbalística, el Reino del 1 por ciento se llama *Maljut*, que es la Vasija de la Luz. Los kabbalistas explican que el reino de *Maljut* corresponde a la Luna, porque *Maljut*, como la Luna, no emite luz propia. La única razón por la que parece brillar en el cielo es porque refleja la luz del Sol. En otras palabras, el Reino del 1 por ciento es oscuridad disfrazada de Luz. El Sol es la verdadera fuente de luz. Según la Kabbalah, el Sol, también conocido como *Zeir Anpín*, corresponde al Reino del 99 por ciento. Y este reino, igual que el Sol, es Luz infinita. Sólo conectándonos con el Reino del 99 por ciento y su Luz duradera podemos encontrar una cura definitiva a nuestra depresión.

REINICIANDO

Pero hay un inconveniente: la Luz infinita y maravillosa del Reino del 99 por ciento se oculta en gran parte a nuestros cinco sentidos, y por ello olvidamos que está allí hasta que la experimentamos. De acuerdo con *El Zóhar*, el Reino del 99 por ciento se llama el Mundo Sin Fin porque contiene la felicidad y la alegría infinitas: no el tipo de alegría y felicidad que llega y se va, sino el tipo de alegría y felicidad que permanece. En el Reino del 99 por ciento, nuestros deseos se cumplen de manera instantánea y constante. El Reino del 1 por ciento es el reino del placer efímero; el Reino del 99 por ciento es el reino de la plenitud duradera.

No es intentando satisfacer nuestras necesidades externas que experimentamos la Luz del 99 por ciento, sino trabajando para revelar la Luz que existe dentro de nosotros. Recuerda que cada uno de nosotros tiene los recursos para acceder a esta Luz. Este reino no se encuentra fuera de nuestro alcance, ni tampoco es un sueño. Es tan real como la silla o el sillón en el que estás sentado o el libro que estás leyendo.

Con demasiada frecuencia confundimos lo tangible con lo real y aceptamos como realidad sólo aquello que podemos tocar, ver, escuchar, degustar u oler. Cometemos el error de rechazar las realidades energéticas como si sólo fueran metáforas o, en el peor de los casos, invenciones de mentes perturbadas. Sin embargo, las religiones más importantes y todos los segmentos más expansivos del mundo científico reconocen que tanto la materia como la energía son reales. Tal como ya hemos dicho, nada de lo que pertenece al Reino del 1 por ciento perdura. Incluso aquello que damos por sentado, *como* la solidez de nuestro cuerpo y nuestras mentes, eventualmente evolucionará y cambiará. Cuando algo que disfrutamos especialmente o algo de lo que dependemos no perdura —por ejemplo, cuando perdemos nuestra salud, un buen amigo deja la ciudad, nuestro hijo se va a la universidad o perdemos a nuestra mascota— nuestra reacción a ese cambio es pensar que las cosas son perecederas y nos deprimimos. Lo que nos falta en ese momento es tener conciencia del Reino del 99 por ciento, tener conciencia del Reino de la Luz que está presente en cada uno de nosotros y que nunca tiene final.

Muchas personas realmente sabias han pasado sus vidas alentándonos a desarrollar la conciencia de la Luz amorosa que se encuentra dentro de nosotros. No hace mucho se descubrió el Evangelio de Tomás en una jarra enterrada en Egipto. Estos evangelios muestran a Jesús como un maestro que habla en parábolas y pide a sus discípulos que no busquen el reino de Dios en el cielo, sino dentro de sí mismos. En un momento, Jesús les dice: "Cuando lleguen a morar en la Luz, ¿qué harán? Un día, cuando eran uno, se transformaron en dos. Pero, cuando se conviertan en dos, ¿qué harán?". Jesús se refiere con sus palabras a la existencia de la Luz y a nuestra separación de ella, y nos pregunta cómo nos conectaremos nuevamente con la Luz. Más tarde, Jesús dice a sus discípulos: "Si sacan hacia fuera lo que está en su interior, lo que tienen les salvará". Una vez más se está refiriendo a la Luz, la chispa del Creador que está dentro de todos nosotros.

Nuestra tarea como seres humanos es unir el Reino del 1 por ciento y el Reino del 99 por ciento, atrayendo la Luz al mundo físico en el que vivimos. Sólo los seres humanos tienen acceso a ambas realidades, lo que significa que sólo los seres humanos pueden experimentar la verdadera totalidad de la existencia: la suma entera de ambos mundos.

Aprendemos a traer la Luz a nuestro mundo físico utilizando las herramientas y ejercicios que se describen en este libro. Éstas nos ayudan a conectarnos con el Reino del 99 por ciento, a expandir nuestra Vasija y aprovechar la Luz infinita que está a nuestra disposición. Sólo hay una forma segura de eliminar la depresión: ampliar nuestra Vasija para que la Luz pueda entrar y llenar todas las grietas y fisuras emocionales que nos hacen sentir frágiles y vacíos.

REINICIANDO

REINICIO RÁPIDO DEL SISTEMA: EJERCICIO 3

Piensa en una situación que estés experimentando actualmente y que parezca tener sus raíces en el Reino del 1 por ciento. Tal vez estés viviendo caos en una relación cercana o alguien próximo a ti padezca una enfermedad crónica y esté sufriendo. La situación parece oscura y pesada. Descríbela en el espacio siguiente:

_____

_____

_____

_____

_____

_____

_____

_____

_____

Ahora haz una pausa. ¿Cómo podrías expandir tu Vasija en esta situación y atraer más Luz? Si estás experimentando resistencia en este momento, es comprensible. Cuando nuestra Vasija es pequeña y nuestro deseo es casi inexistente, no podemos evitar sentirnos desesperanzados. Todo lo que quiero es que tomes la oscuridad que sientes y la expongas a un poco de Luz. Piensa en ello, y no continúes leyendo este libro hasta que hayas escrito acerca de una pequeña acción que pueda traer la Luz del 99 por ciento a tu mundo físico.

_____

_____

_____

_____

_____

_____

_____

_____

_____

_____

_____

_____

PARTE CUATRO

EL OPONENTE: ABIERTO TODO EL DÍA, TODOS LOS DÍAS DEL AÑO

REINICIANDO

Probablemente te estés preguntando: si el Reino del 99 por ciento está abierto a nosotros y la Luz es abundante y curativa, ¿por qué nos separamos de ella? Recuerda: es el Oponente quien nos anima a desconectarnos. Según la Kabbalah, esta fuerza se creó con el propósito de darnos la oportunidad de superar nuestros obstáculos y experimentar la felicidad verdadera. Aunque sea difícil de comprender, el Oponente tiene un rol vital en nuestra capacidad para revelar Luz.

El Oponente —también conocido como Satán— no es un extraño ser vestido con estrechas mallas de color rojo que empuña un tridente. El Oponente es nuestro ego. Todos tenemos ego, hasta los humanos más humildes. Estamos acostumbrados a pensar que las personas con ego son esos individuos insoportables que no pueden dejar de hablar de sus inyecciones de Botox o de lo bien que juegan al golf. Sin embargo, las personas que sufren de baja autoestima, vergüenza y sentimientos de inferioridad también tienen ego. En ambos casos, tanto si la persona parece autoritaria como si tiene una baja autoestima, el ego está representando un papel muy importante.

Esto es así porque el ego tiene una voz muy persuasiva, que parece volverse aun más persuasiva cuando sufrimos de depresión. Por ejemplo, la idea de que tenías de trabajar como voluntario en el centro comunitario local, de ir al gimnasio o limpiar tu apartamento, muchas veces se ve empañada por el sentimiento generado por el ego de que no vale la pena el esfuerzo. Los pensamientos que pueden confirmar que eres capaz, inteligente, divertido, talentoso y que no estás solo, tampoco parecen afianzarse. El sentimiento de que tu vida está llena de bendiciones y alegría se corta de raíz antes que tenga la oportunidad de florecer. Tu ego es responsable por todos estos intentos fallidos de encontrar la felicidad. Y sólo para que lo sepas . . .

Tu ego está actuando permanentemente. No necesita dormir, ni comer, ni ir al lavabo. Nunca se calla.

¿Por qué permite el Creador que el Oponente exista? Consideremos la historia, la mitología y la literatura. Los héroes y los finales felices no podrían existir si no fuera por un digno adversario. ¿Podría Harry Potter haber alcanzado un nivel tan alto de crecimiento personal si Voldemort no hubiese estado ahí intentado frustrar cada uno de sus pasos? O piensa en los videojuegos. Tu héroe animado salta de nivel sólo cuando logra vencer a un enemigo que pueda ofrecerle una pelea digna. Y por cada nivel que tu héroe avanza, el enemigo va volviéndose cada vez más poderoso. Cuanto más poderoso es el Oponente, más gloria obtiene tu héroe, es decir, tu verdadera alma. En otras palabras, cuanto más duros y difíciles son los obstáculos, más Luz puede ser revelada. ¿Te has preguntado alguna vez de dónde provienen estas verdades universales? Sin importar cuál sea nuestra cultura, religión, edad ni nivel de educación, todos comprendemos de forma innata que cuanto más grande es el desafío, más grande es también la recompensa. El viaje del héroe no es otra cosa que la historia de la humanidad.

Éste es el motivo por el cual, en lo profundo de nuestra naturaleza . . .

Todos queremos alcanzar nuestro mayor potencial.

Ésta es una verdad universal, más allá de los asuntos particulares a los que nos estemos enfrentando. Aquellos que sufren de ansiedad quieren lograr su mayor potencial, de la misma forma que las personas con problemas de ira, abandono, fobia y depresión. Y es el Oponente el que nos da la oportunidad de alcanzar nuestro mayor potencial. Sin el Oponente no existirían circunstancias para superar, ni dificultades para solucionar creativamente, ni fracasos a partir de los cuales crecer y madurar espiritualmente. Por lo tanto, no importa si el Oponente se presenta como un dragón que lanza fuego por la boca o como los demonios internos de nuestros pensamientos negativos, los cuales se dedican a mantenernos confundidos o deprimidos. Sea cual sea la circunstancia, la batalla es por nuestra propia grandeza.

A pesar de que el Oponente nos da la oportunidad de crecer, él querría que no viéramos estas oportunidades como tales. En su lugar, preferiría vernos tropezar ante cada obstáculo sin que lográramos levantarnos ni ponernos de pie. Y es así porque la tarea del Oponente es distraernos de alcanzar nuestro más alto potencial. Y para conseguirlo, nos mantiene atrapados en la depresión en lugar de permitir que nos dediquemos a alcanzar nuestro potencial divino. Recuerda, la depresión no es el problema esencial al que nos enfrentamos. Ciertamente, cuando estamos sumergidos en ella, puede parecer así. Pero la depresión es el efecto de una causa verdadera: la falta de deseo. Y el Oponente dispone de una gran cantidad de herramientas para mantenernos alejados del trabajo verdadero: reavivar el deseo. Él intenta convencernos sin descanso de que no deberíamos molestarnos en querer lo que no podemos tener. Nos dice que las cosas siempre serán así y que nunca lograremos cambiar. Estas son las palabras que usa para mantener nuestros deseos en estado latente. El Oponente nos ha convencido de que no debemos querer nada porque nada vale la pena, ni siquiera luchar.

YO, YO, YO

Una de las técnicas del ego para mantener nuestra Vasija pequeña y nuestros deseos al mínimo es mantenernos constantemente enfocados en nosotros mismos. En el mundo del ego, nadie es más importante que uno mismo. Por esta razón, el ego nos incita a creer que las acciones de los demás y sus respuestas tienen que ver con nosotros. En otras palabras, el ego quiere que nos lo tomemos todo de forma personal. Por ejemplo, podemos confundir la búsqueda de la felicidad de un amigo con un deseo deliberado de hacernos sentir mal. ¿Pero por qué una persona —especialmente un amigo— querría hacernos sentir miserables? Por muy loco que pueda parecer, el ego puede convencer a cualquiera de que vaya por este camino tan negativo. De la misma manera, ¿cuántas veces has pensado que un amigo, un amante o tu jefe te estaba ignorando o estaba siendo antipático contigo, incluso que quería hacerte daño, y después has descubierto que esa persona estaba sufriendo una tragedia personal o estaba muy atareada con un proyecto importante? Sólo entonces te diste cuenta de que no tenías nada que ver con su indiferencia. La otra persona no se estaba alejando de ti, sino de todos.

El Oponente *quiere* que nos sintamos desairados. Nos *alienta* a sentir que alguien nos está haciendo mal porque eso desgasta nuestra energía, que de otra forma podríamos utilizar para acercarnos a la Luz. Así, nuestro comportamiento egocéntrico alimenta nuestra depresión. Y cuanto más deprimidos estemos, más fuerte será el Oponente. Pues bien, del mismo modo que nos lleva a sentirnos desairados, nuestro ego también se deleita con los cumplidos que recibimos. Esto se debe a que los cumplidos inflan temporalmente nuestro propio concepto de nosotros mismos (y la palabra importante en este enunciado es *temporalmente*). A alguien le gusta nuestro auto y nuestro ego brilla; alguien piensa que nuestro plan de negocios es brillante y nuestro ego se vuelve loco; el riff de guitarra que compusimos hace llorar de alegría a nuestro vecino y nuestro ego se va de fiesta. El ego quiere que nos volvamos adictos a los cumplidos y a la aprobación externa en vez de que vivamos en la satisfacción duradera que obtenemos de nuestros propios esfuerzos y nuestra transformación; esa satisfacción duradera que proviene de descubrir nuestra propia Luz.

Cuando nos tomamos las acciones de otras personas como algo personal dirigido a nosotros —ya sea en forma de halago o de abuso— el ego está en acción y nos está diciendo que somos el centro del universo y que todo lo que ocurre en nuestras vidas gira alrededor de nosotros. Pero enfocarnos en nosotros mismos nos separa de la Luz. Sólo cuando nos resistimos a nuestra naturaleza reactiva y egoísta y estamos presentes para los demás, podemos ponernos en sincronía con la alegría que el Creador tiene destinada para nosotros. Hablaremos más sobre estar presentes más adelante en este capítulo.

NOS SUCEDE A NOSOTROS

El Oponente es muy astuto, por decir lo menos. Le gusta utilizar el tiempo para que la vida nos parezca fortuita y caótica. Nos hace creer que las cosas nos suceden de manera súbita, casual e imprevisible. Exploremos con detalle esta idea tan equivocada, porque revertir este pensamiento es fundamental para superar la depresión.

Muchos de nosotros, en especial quienes sufren de depresión, creemos que gran parte de la vida —por no decir toda la vida— *nos* sucede repentina y aleatoriamente. ¿Cuántas veces has usado la expresión *de repente*? De repente renunció a su trabajo. De repente se separaron. De repente se mudaron a Idaho. ¿Pero cuán de repente nos ocurren las cosas realmente? Por ejemplo, ¿te has despertado alguna vez por la mañana y has encontrado que tu casa es el doble de grande? ¿O que un árbol ha crecido de repente en tu jardín? ¿O que tus pequeños están de repente en el instituto? Seguro que no. Lo repentino implica caos, y el caos es un aspecto del Reino del 1 por ciento, ¿lo recuerdas?

El caos establece que las cosas nos suceden. Sin embargo, la realidad es ésta:

REINICIANDO

*Las cosas no nos suceden, somos nosotros los que nos
sucedemos a nosotros mismos.*

Esto significa que nosotros moldeamos nuestra propia vida.
Nosotros escogemos la forma en que vemos nuestro mundo.
Además, escogemos lo rápido o lento que queremos trabajar
en el cambio y la cantidad de esfuerzo que queremos dedicar
a aumentar nuestro nivel de deseo. De hecho, cada uno de los
aspectos de nuestra vida y todos los placeres y dolores asociados son algo que nosotros mismos hemos generado, aun cuando lo hayamos hecho de forma inadvertida. La Kabbalah nos
enseña que las cosas *no nos suceden* y que no somos meras
víctimas arbitrarias del caos.

¿Qué significa esto realmente? Significa que nuestras propias
acciones y reacciones son cruciales para alcanzar una existencia alegre y libre de depresión. Más específicamente, la acción
de levantarnos después de caernos en vez de desconectarnos
es esencial para hacer que nuestra oscuridad desaparezca. Si
reconocemos todos nuestros pensamientos, palabras y
acciones reactivas y crecemos a partir de ellos en lugar de
negar su existencia, podemos literalmente volver a trazar nuestras vidas. Porque cuando experimentamos los sucesos externos como algo que nos sucede, nos encerramos en el Reino
del 1 por ciento, donde abunda el caos. Pero cuando nosotros
mismos nos estamos sucediendo, nos conectamos con el reino

de lo causal o 99 por ciento. Al ser proactivos —siendo la causa de nuestras vidas— obtenemos el acceso a posibilidades infinitas. Es posible que sin darnos cuenta ya hayamos dado forma a nuestro pasado. La buena noticia es que también tenemos el poder de moldear nuestro presente y nuestro futuro, y ahora podemos hacerlo de forma consciente. ¡Esto se llama tener el poder!

Pero recuerda que el Oponente quiere disminuir este sentimiento de poder para promover el caos. Utilizando la poderosa herramienta del tiempo, el Oponente separa la causa del efecto para que perdamos de vista las consecuencias de nuestras acciones y para que la vida nos parezca aleatoria e ilógica. El Oponente nos alienta a creer que porque un hecho ocurrió en el pasado y sus efectos se manifiestan en el presente, las dos circunstancias no están conectadas. Así, una consecuencia negativa puede parecernos un hecho "repentino" y azaroso. Este lapso de tiempo entre la causa y el efecto puede crear la ilusión de que las buenas acciones no obtienen recompensa y las malas acciones no reciben castigo, cuando en realidad nada podría ser más erróneo. Es probable que lleve días, semanas, meses, décadas o hasta vidas, pero las acciones siempre tienen consecuencias y las causas siempre tienen efectos. Cada semilla que plantamos —esté inspirada por la Luz o por el Oponente— se revelará en un momento futuro como un árbol en nuestro jardín.

Utilicemos de ejemplo la preocupación actual por el medioambiente. No hace mucho las empresas se sintieron libres de echar sus desechos tóxicos a los océanos y ríos. Creían que nuestro suministro de agua era ilimitado y que estas acciones no tendrían resultados perjudiciales. Sin embargo, algunas décadas después, personas que vivían en pueblos costeros comenzaron a desarrollar enfermedades que, según se descubrió, provenían directamente de las toxinas. La forma que los humanos eligen para interactuar con los recursos naturales de la tierra es un ejemplo perfecto de la relación causa-efecto. No es infrecuente que los efectos se presenten décadas o hasta siglos después, pero siempre se presentan.

LA IMPORTANCIA DEL AHORA

Recuerda que el tiempo es realmente una ilusión que el Oponente utiliza para confundirnos. Existe un solo momento real: ahora. El ahora es donde el pasado, el presente y el futuro se entrecruzan. ¿Estás confundido? Déjame explicarte. En el ahora estamos viviendo los efectos de las semillas que hemos plantado en el pasado. Nuestras respuestas a estas semillas causan las circunstancias que encontraremos en nuestro futuro. Dicho de otro modo, el ahora es el tejido conectivo que une el pasado, el presente y el futuro. Esto significa que cuando aprendamos a permanecer en el ahora, podremos corregir las semillas del pasado y plantar semillas positivas y llenas de plenitud para el futuro.

Así, la forma en la que elegimos experimentar y participar en este momento determina las oportunidades que recibiremos en momentos posteriores. Si invertimos nuestra energía sólo parcialmente en un determinado momento, estaremos obteniendo sólo una porción de lo que el momento tiene para ofrecernos. Por el contrario, si consideramos nuestra conciencia de cada momento como una inversión en el futuro, nos volvemos más atentos a lo que nos rodea en el presente.

Esto es algo muy fácil de comprender pero difícil de realizar. De hecho, inténtalo ahora. Intenta permanecer presente durante cinco minutos sin que tu mente empiece a divagar.

Es un gran desafío ¿verdad? Y lo es porque el Oponente utiliza los pensamientos del pasado y del futuro para distraernos de estar completamente presentes. El Oponente gana la partida tanto cuando permanecemos en el pasado, mortificándonos por algo que hemos dicho o reviviendo un momento especial, como cuando nos preocupamos por el futuro, fantaseando sobre lo que sucederá o sintiendo ansiedad por ello. La verdad es que nuestro presente captura una parte sorprendentemente pequeña de nuestra atención. Y cuando nuestras mentes están ocupadas en el pasado y en el futuro, no prestamos atención al tipo de semillas que estamos plantando aquí y ahora. ¿Cuál es el resultado? Sin quererlo, plantamos semillas de caos en nuestras vidas.

Cuanto más podamos concentrarnos en el presente —aun cuando éste sea poco placentero— más fuertes nos sentiremos y más débil se volverá el Oponente. Detente un momento a observar los sonidos a tu alrededor; siente la tierra bajo tus pies, o el cojín sobre el que estás sentado. Observa cómo reacciona tu mente en este proceso. ¿Se calma o se acelera? ¿Qué sucede con tu respiración? Recuerda que no lo estás haciendo bien ni mal; simplemente, estás experimentando el presente. Intenta hacer esto varias veces al día, quizá antes de cada comida, al levantarte o al irte a dormir. Intenta lograr períodos de conciencia cada vez más extensos. El Oponente sabe que si te encuentras en tres lugares distintos al mismo tiempo, la energía de tu Vasija comenzará a filtrarse. Pero si te encuentras en un solo lugar, en el presente, comenzarás a controlar tu energía en vez de entregársela al Oponente.

Nuestra forma de practicar el modo de estar en el presente es a través de la meditación. En lugar de considerar tus actividades diarias como tareas que debes tachar de una lista, puedes impregnar con un elevado nivel de conciencia el acto de lavar la vajilla o de esperar en una larga cola. Cuando surgen recuerdos del pasado o preocupaciones por el futuro, reconoce que están ahí e inmediatamente enfócate otra vez en la tarea del momento. Siente el agua caliente sobre tu piel, escucha el zumbar del grifo, huele el jabón y observa los restos de comida que se van por el drenaje. Concentrarte en tu respiración puede ser una base muy buena para experimentar este ejercicio. Si te das cuenta de que tu mente está vagando, respira profundo. Inhala contando hasta cuatro, retén el aire otros cuatro tiempos y exhala contando nuevamente hasta cuatro. Hazlo hasta que hayas regresado al ahora, hasta que te sientas de nuevo presente. Aun cuando sólo puedas mantener tu presencia en el ahora por un segundo, ¡es fantástico! Es un segundo más que lo que podías hasta ahora.

La práctica de este ejercicio tiene un beneficio adicional: coloca tu mente en el mejor estado para vencer al Oponente. Cuando aprendes a estar más consciente en el presente, puedes advertir cuando el Oponente envía situaciones o pensamientos difíciles hacia ti. En lugar de reaccionar sin el debido proceso, puedes evaluar de forma consciente y responder de una forma que te conecte con el Reino del 99 por ciento. Además, cuando somos conscientes de nuestro presente, es más probable que nos demos cuenta de las necesidades de los demás y encontremos una forma de llegar a ellos y ayudarles. La idea de compartir se vuelve más natural cuando estamos enfocados en el presente.

Muchas personas se me acercan quejándose de que sus pensamientos siempre están acelerados, lo cual hace prácticamente imposible que puedan concentrarse en las tareas y prestar atención a las personas a su alrededor, por muy importantes que sean. Si notas que desenfocas tu atención cuando estás hablando con alguien por teléfono o en persona, reconoce esta situación como una oportunidad para atraer Luz a tu mundo y al mundo de la persona con la que estás hablando. Perder la atención nos sirve como recordatorio de que es el momento de hacer un esfuerzo extra para conectarnos con nuestro interlocutor. Una de las maestras del Centro de

REINICIANDO

Kabbalah dice que cuando advierte que sus pensamientos están alejándose pero hace un esfuerzo consciente para enfocarse en la otra persona, esto despierta una conexión clarividente dentro de ella. Esa conexión clarividente es la Luz que se revela. La persona puede estar a miles de kilómetros de distancia, pero cuando ella logra dirigir sus pensamientos hacia esa persona y compartir su amor y atención por entero, se está conectando directamente con el Reino del 99 por ciento. Todos tenemos el poder de manifestar esta conexión divina. Estas semillas, que están inspiradas en el 99 por ciento, son las únicas semillas que vale la pena plantar.

LA OPORTUNIDAD PERDIDA

Cuando no logramos conectarnos con el ahora, perdemos oportunidades de crecimiento espiritual de un valor incalculable. Esto me recuerda una historia sobre un joven sabio que vivió hace muchos siglos. La historia cuenta que a la edad de 20 años, este sabio soñó que una mujer le pedía ayuda y que él no lograba darle la asistencia que ella necesitaba. En el sueño él la buscaba sin descanso para remediar su error, pero todos sus esfuerzos eran en vano. Cuando el joven sabio despertó del sueño, se sintió lleno de ansiedad y decidió ir a ver a su maestro, quien le advirtió que esa ansiedad podía ser una señal que le prepararía para el momento por el cual había venido a este mundo. El joven sabio hizo el compromiso solemne de aprovechar esa oportunidad cuando se presentara en su vida.

Transcurrió un año, y pese a que el joven sabio había intentado encontrar a aquella mujer, la oportunidad todavía no se había presentado. Pasaron diez años y el sabio continuaba buscando la oportunidad. Al cabo de veinte años, aunque el sueño todavía seguía presente en él, su urgencia empezó a disminuir. Transcurrieron treinta, cuarenta años, y el sabio olvidó totalmente su sueño.

REINICIANDO

A la edad de 65, un día frío y agitado en el que había más cosas para hacer que tiempo disponible, una pequeña y silenciosa mujer se acercó al sabio. Con voz débil le preguntó si podía contestarle una pregunta acerca de su nieto. Pero para ese momento el sabio ya se había olvidado del sueño y de la oportunidad, por lo que ignoró a la mujer y continuó con sus asuntos. ¡Tenía tanto para hacer! No fue hasta tarde en la noche, cuando estaba profundamente dormido, que el sueño regresó a él. El sabio despertó sabiendo que había perdido la oportunidad que había esperado durante toda su vida.

En los días siguientes, buscó por todo el pueblo hasta que encontró el modesto hogar de aquella mujer y llamó a su puerta. La mujer entreabrió lentamente y, antes de que pudiera saludarlo, el sabio le presentó sus disculpas con la mayor humildad. Le rogó que le diera la oportunidad de ayudarla y se sintió aliviado cuando ella le abrió la puerta amablemente y lo invitó a entrar. Ahora el sabio podría finalmente cumplir su propósito en la vida.

La verdad es que muy pocos de nosotros sabemos para qué venimos a este mundo. Sólo cuando estamos presentes en el momento podemos permanecer abiertos a las oportunidades que se nos presentan para cambiar nuestras vidas. ¡Debemos estar siempre preparados para tal ocasión!

ENCONTRAR CONSUELO EN EL AHORA

Cuando nos permitimos estar plenamente presentes en el ahora, nos sentimos bien en ese momento. Y en el siguiente. Y en el siguiente. Y cuantos más momentos en el ahora podemos unir, más desaparecen las voces de la negatividad. El Oponente nos ha condicionado para preocuparnos, haciéndonos ver todo a través del cristal del pasado o de las demandas del futuro. Pasar una tarde en una casa segura y cálida cocinando galletas es una experiencia muy diferente que estar en tu apartamento pensando durante horas si podrás o no pagar la renta el mes que viene, o mortificándote porque has roto con tu novia. Es cierto que el momento de pagar la renta llegará y que puede que tu novia te haya dejado, pero ten en cuenta que mientras te preocupas por lo que ya pasó o por lo que puede ocurrir, el Oponente triunfa en su misión de alejarte del ahora y de la sensación de seguridad. El ahora es el único lugar en el que el Oponente no tiene poder, recuérdalo.

REINICIO RÁPIDO DEL SISTEMA: EJERCICIO 4

Antes de continuar me gustaría que hiciéramos un ejercicio juntos. Si no has hecho los ejercicios de los capítulos anteriores, te recomiendo que hagas una pausa aquí, regreses a las páginas anteriores y los completes. Es muy importante acercar el lápiz al papel, porque ese simple gesto es una acción proactiva que te coloca en el presente y, por lo tanto, te alinea con la Luz del Creador. Debemos practicar la acción si queremos revelar Luz.

Cuando estamos deprimidos, a menudo sentimos que llevamos el peso del universo sobre nuestros hombros. Nos sentimos preocupados y ansiosos o simplemente desconectados por completo e incapaces de sentir. Dedica un momento a escribir algunas de las preocupaciones que tienes en tu mente. Si te está costando sentir ningún tipo de sentimiento, actúa *como si* estuvieras preocupado. ¿Por qué estarías preocupado? ¿Cuáles son las personas o las situaciones que te están agobiando? Escríbelas en el siguiente espacio:

REINICIANDO

_____

_____

_____

_____

_____

_____

_____

_____

_____

_____

_____

_____

_____

_____

_____

_____

_____

Ahora relee tu lista. ¿Cuáles de los puntos que has anotado son sucesos o situaciones que pertenecen al pasado? ¿Hay cosas en tu lista que no hayan sucedido aún o que correspondan con algo que anticipas que ocurrirá en el futuro? Tacha los puntos de la lista que coincidan con cosas ya sucedidas o por suceder. ¿Qué puntos quedan? ¿Se refieren a personas o situaciones a las que te estás enfrentando directamente en este momento?

REINICIANDO

¿O *en este momento* te sientes bien? ¿Están satisfechas tus necesidades básicas *aquí y ahora*? ¿Tienes *en este instante* oportunidades para crecer y cambiar? Porque lo cierto es que este momento en particular es todo lo que cuenta, y el único que no nos deja experimentarlo por completo es el Oponente. Cuando te des cuenta de que estás viviendo en el pasado o en el futuro, considéralo un llamado de alerta de que el Oponente está otra vez en el mando. Un ligero cambio en nuestro pensamiento, tal como el que pusimos en práctica en este ejercicio escrito, ayuda a abrir nuestra Vasija inmediatamente y envía más Luz a nuestro camino.

PARTE CINCO

VENCIENDO LA DEPRESIÓN

REINICIANDO

Ya ha llegado el momento de que nos ocupemos de lo esencial. Hemos analizado los síntomas de la depresión, su origen y los obstáculos que afrontamos para vencerla. Saber todo esto es importante porque nos lleva a la siguiente pregunta: ¿Cómo superamos exactamente esta insidiosa enfermedad? En la presente sección, aprenderás las herramientas kabbalísticas que te permitirán arrancar la depresión de raíz y exponerla a la Luz. Y según la Kabbalah, todo lo que entra en contacto con el poder transformador de la Luz —*todo*— se convierte en Luz.

AMAR A TU PRÓJIMO

Sin duda has escuchado el viejo proverbio: "ama a tu prójimo como a ti mismo". Para la Kabbalah, este singular principio nos ofrece una idea cabal de cómo obtener la felicidad. De hecho, todas las enseñanzas de la Kabbalah pueden ser resumidas en este consejo divino tan poderoso. Su mensaje es simple pero sorprendentemente profundo, y en su centro se halla el principio de compartir. Mejor dicho: no es el *principio* de compartir, sino el *acto* de compartir. Sólo podremos salir de la depresión cuando nos acerquemos a otros y compartamos, tanto física como emocionalmente.

El motivo es muy simple. Según la Kabbalah, la naturaleza del Creador es una fuerza que lo comparte todo, lo da todo y que ama incondicionalmente, cuyo deseo es llenar nuestra Vasija, nuestra taza, de forma continua. Pero, tal como vimos antes, para poder recibir de esta fuente necesitamos estar en afinidad con ella. Por lo tanto, el secreto del mundo es que compartir es la cura definitiva para todos los males. Pero si es así, ¿qué hay de malo en que el Creador quiera compartir con nosotros? La respuesta es que nuestra naturaleza es distinta a la del Creador. Somos receptores, ¿recuerdas? Pero necesitamos ser de la misma naturaleza que el Creador para que su Fuerza de Luz esté con nosotros. Por consiguiente, para poder recibirla debemos transformar constantemente nuestra naturaleza egoísta en naturaleza de compartir.

Es la paradoja esencial de la vida: para recibir, debemos compartir.

Pero ¿qué significa realmente compartir y, más específicamente, compartir con el prójimo? ¿Significa simplemente que cuando un vecino nos pide prestada una taza de azúcar debemos dársela? Según la Kabbalah, la respuesta es no. Aunque, por supuesto, no deberíamos negar la taza de azúcar a nuestro vecino, compartir —en su sentido verdadero— requiere algo más de nosotros. "¿Más?", te estarás preguntando. Sí, más.

La Kabbalah explica que el acto de compartir ocurre cuando abandonamos nuestra zona de confort para ayudar a otro.

Actuar dentro de nuestra zona de confort o dar algo a alguien que íbamos a desechar de todos modos, puede calificarse como una buena acción, pero no es compartir en el sentido kabbalístico de la palabra. La verdad es que cuanto más trabajo nos cuesta dar, más Luz recibimos. Cuanto más desinteresado sea nuestro compartir, mayor será nuestra conexión con la Luz. Esto me recuerda algo que mi padre siempre ha dicho:

REINICIANDO

Cuando te ocupas del bienestar de los demás, la Luz se ocupa de ti.

Pero compartir exige que nos hagamos vulnerables ante los demás, exige que sintamos; y el Oponente hará cualquier cosa que esté en su poder para convencernos de que el adormecimiento interior (o la retención de nuestros dones) es mejor que sentir (o compartir). Intentará persuadirte de que lo más importante es tu confort, aun cuando éste empiece a convertirse en insensibilidad. En el momento en que verdaderamente estamos compartiendo —cuando damos algo que queremos o pensamos que necesitamos— comenzamos a sentirnos menos adormecidos y a transformarnos desde adentro. Nuestras defensas se ablandan y ayudamos a otros a ablandar las suyas. Y esto no se trata de un simple galimatías espiritual. Diversos estudios médicos demuestran que los patrones neurotransmisores del cerebro de las personas deprimidas se alteran significativamente cuando se ofrecen voluntariamente para ayudar a otros. En efecto, ayudar a los demás combate la depresión más que cualquier otro tratamiento estudiado, incluyendo la medicación y la terapia.

"Tradicionalmente, lo que ocurre con la depresión —dice el psicoterapeuta Jamie Greene, miembro del Instituto Psicoanalítico de California del Sur— es que los pacientes tienden a aislarse. Las personas depresivas dejan de relacionarse, se derrumban interiormente."

Greene ha estado tratando la depresión durante dieciséis años. Hace seis conoció la Kabbalah y desde entonces la ha implementado en el tratamiento de sus pacientes. "He descubierto que la Kabbalah es una inmensa ayuda para mis pacientes deprimidos; sin embargo, el aspecto más imprescindible de la práctica es compartir. A partir del momento en que se involucran en algún tipo de proyecto comunitario, comienzan a encontrar significado y propósito en la vida, y recuperan las ganas de levantarse cada mañana. Se conectan espiritualmente con la Luz porque están compartiendo, y gracias a eso pueden ir dejando la medicación. Es un proceso. Lleva tiempo, pero es impresionante."

Son personas reales las que están viviendo esta clase de transformación. Veamos el testimonio de Shannon:

"Hace aproximadamente un año estaba hundiéndome en la peor depresión de mi vida. Sentía que nada en mí era hermoso, ni en mi mente, ni en mi alma, ni en mi cuerpo, ni en mi corazón. Me pasaba horas pensando en lo bien que parecía ir la vida de los demás. Conocía sus problemas, pero estaba convencida de que mi vida era más difícil. Tal vez Rachel no ganaba suficiente dinero o a Marnie todos sus novios la dejaban, pero por lo menos Rachel tenía un novio y Marnie tenía dinero.

¡Yo no tenía ninguna de las dos cosas! Por muy malas que fueran las cosas que los demás me contaban de su vida, y por más genuina que fuera mi compasión por ellos, yo siempre podía señalar los aspectos en los que mi vida era peor.

"Una mañana pasé por delante de un centro comunitario y vi en la ventana un anuncio que solicitaba profesores particulares para dar clases de apoyo a niños de ocho y nueve años. De forma espontánea entré y me ofrecí para dar clases dos días a la semana. La primera vez que lo hice me sentí diferente. Antes de empezar estaba nerviosa; me preguntaba qué pasaría si no le agradaba a algún niño o me tocaba un niño malo o si no recordaba las matemáticas de octavo grado. Pero, tal como aprendí al estudiar la Kabbalah, ¡todos esos eran miedos egocéntricos! Y una vez que comencé a dar mi clase, me alejé tanto de mis problemas que fue como aterrizar en el cielo. Durante una hora dediqué toda mi energía a ayudar a alguien con su vida. Y no se trataba de inflar mi conciencia para sentirme superior, sino de algo muy distinto: ¡mi corazón había vuelto a latir! Mi depresión comenzó a disiparse durante períodos cada vez más largos. Hoy todavía tengo que luchar contra la depresión, pero de forma mucho menos intensa. Y sé que si siento venir el ataque, sólo tengo que marcar un número, comunicarme con alguien y preguntar: ¿Qué puedo hacer por ti?".

REINICIANDO

Shannon experimentó por sí misma los efectos de darse a sí mismo por el bien del otro: multiplica instantáneamente las dimensiones de nuestra Vasija y nuestro deseo de vivir, amar y obtener Luz. Recuerda que incluso los más pequeños actos de compasión desinteresada son recompensados con una gran revelación de Luz al final del día.

LA PRÁCTICA DE LA APRECIACIÓN

¿Por qué nos resulta tan difícil desconectarnos de nosotros mismos y compartir? Porque el Oponente nos convence de que no tenemos nada que valga la pena ofrecer. Combatir esta falsa creencia comienza con un principio muy simple: la apreciación.

Apreciar es esencial para revelar la Luz en nuestras vidas. Sin apreciación, todas las personas y situaciones maravillosas de nuestra vida nos pasarían inadvertidas. Podríamos tener todos los dones del mundo a nuestros pies, pero si no pudiéramos apreciarlos nunca, sería como no tener nada. De hecho, para la Kabbalah, la acción de apreciar es en sí misma una Vasija que contiene Luz. Cuando apreciamos algo, podemos recibir la Luz que contiene en su interior. Por el contrario, si nos falta apreciación, nunca obtendremos la plenitud de lo que sí poseemos.

Imagina una persona muy rica que no sintiera apreciación por el dinero. Nada de lo que tuviera, recibiera o comprara le daría satisfacción, plenitud o seguridad alguna. Podría no poseer nada y sería lo mismo. Porque la clave para la plenitud no radica en lo que tienes, sino en cuánto *aprecias* lo que tienes.

REINICIANDO

Cuanto más aprecias tus dones, más Luz aportas al mundo. La depresión tiene lugar en un estado de carencia total de apreciación.

La solución radica en ser conscientes de nuestros dones y bendiciones y mantener un espíritu de gratitud. Sin embargo, esto puede resultar difícil cuando nos encontramos atrapados en las tentaciones y los placeres del Reino del 1 por ciento. ¿Por qué? Porque cuando nos conectamos a la Realidad del 1 por ciento, generalmente sólo estamos buscando nuestro próximo arreglo temporal. Pero, sea cual sea el placer temporal que éste pueda ofrecernos, rápidamente se convertirá en dolor. La verdadera apreciación no consiste en el placer efímero que nos da un momento o un objeto, sino en la naturaleza real, el significado y el valor de ese momento u objeto. Éstos son aspectos que pocas veces podemos tocar.

Por ejemplo, si un niño dibuja una tarjeta para ti, ¿puedes tocar el tiempo, el amor y la alegría que puso al hacerlo? La tarjeta es tangible, pero sólo es una escueta manifestación física del amor que ese niño siente por ti. Si aceptamos la tarjeta como un simple trozo de papel, entonces obtendremos un significativo pero temporal placer de los esfuerzos del niño. En cambio, si vamos más allá de las apariencias e intentamos comprender y apreciar la tarjeta como una expresión de la esencia del niño, entonces gozaremos de una alegría más rica y duradera, y él o ella también.

Cuando empezamos a moldear nuestra Vasija practicando la apreciación, a menudo es necesario fingir. Puede que tengamos que dar pequeños pasos. Pero a medida que lo hacemos, nuestra Vasija va creciendo y vamos experimentando cada vez más Luz. Y créeme, este progreso sólo puede mejorar hasta que la oscuridad queda completamente desterrada, tal como podrás comprobar muy pronto por ti mismo.

Intenta realizar este ejercicio. Una mañana, cuando te estés vistiendo, considera todo el cuidado y el esfuerzo que alguien puso al coser tu camiseta, tus pantalones, tu ropa interior y tus calcetines. Primero alguien cultivó el algodón, luego alguien lo recogió y otro lo hiló. Otra persona lo entretejió formando la tela, que luego fue enrollada en un tubo y enviada a una fábrica, donde alguien dedicó varias horas a dibujar un patrón, cortarlo y coserlo a máquina o a mano. Una vez finalizado, se envolvió y se envió a una tienda. Allí alguien sacó tu prenda de vestir del paquete, la planchó y la colocó cuidadosamente en el escaparate para que luego un vendedor te la enseñara. ¡Cuánto esfuerzo y energía se ha puesto en tu camiseta!

Entonces, en vez de simplemente vestirte con ella por la mañana y arrojarla al cesto de la ropa sucia o al suelo por la noche, dedica un momento a apreciar todo lo que se ha invertido en la creación de una sola camiseta. Así, estarás conectándote con el panorama más amplio de aquello que a simple vista parece una mera prenda de vestir. Alcanzar esta perspectiva más amplia aumenta la capacidad de tu Vasija para contener Luz. Estás viendo más allá de los confines de tu existencia personal, experimentando la interconexión con toda la humanidad. ¡Y todo esto mediante un simple ejercicio!

De más está aclarar lo difícil que es conectarnos con el sentimiento de apreciación de las cosas cuando nos hallamos deprimidos y sentimos lástima de nosotros mismos. Pero hay varias formas de superar esta resistencia inicial. A través de los años, muchos estudiantes de los Centros de Kabbalah han descubierto un método muy útil: escribir un "diario de apreciación" con listas de aquellas cosas que aprecian en ellos mismos y en sus vidas. Algunos estudiantes emplean otro sistema: colocan notas adhesivas con la palabra *aprecia* en diversos sitios de su casa como recordatorio. En ambos casos, esta actividad los alienta a tomarse un momento para pensar en todo aquello que aprecian, y de esta forma logran enfocarse en el ahora: no se concentran en lo que han apreciado en el pasado o esperan apreciar en el futuro, sino en lo que aprecian *en ese preciso momento*. Puede tratarse de algo tan básico como el hecho de tener alimento, agua, refugio, o haber tenido la energía para ir a recoger tu correo. Ningún don o tarea es

demasiado pequeña para esta lista. Sin embargo, es importante hacer este ejercicio a diario, aun cuando repitas cosas;
porque esto entrena tu mente para fijarte en aquello que tienes
en tu vida en lugar de pensar en lo que te falta. Con el tiempo,
esta tarea de confeccionar una lista de lo que apreciamos se
convertirá en una tarea que de forma fácil podremos hacer
internamente. Vale la pena el tiempo y el esfuerzo. Después de
todo, ¿has conocido alguna vez a alguien que estuviera lleno de
gratitud y deprimido al mismo tiempo? Probablemente no. Esto
es porque el aprecio y la depresión no pueden coexistir.

REINICIANDO

REINICIO RÁPIDO DEL SISTEMA: EJERCICIO 5

Ahora realizaremos un ejercicio breve que sin duda hará que tu sistema se sienta restaurado. Vamos a iniciar una búsqueda; pero no te preocupes, no te pediré que abandones tu sillón o tu cama (salvo que lo desees). En realidad, *tú* estás a cargo de crear la lista de objetos que deberás encontrar. Quiero que mires a alrededor de la habitación en la que te encuentras. Quiero que también tengas en cuenta la mascota que está durmiendo cerca de ti o tu hijo o tu pareja si están en la casa. Si estás solo, mira los cuadros de la pared, revisa los números y contactos de tu teléfono celular o bien observa las citas de tu agenda, si es que tienes una; o piensa en tu trabajo actual, tus colegas o tu jefe. Ahora quiero que elabores una lista de al menos cinco personas o cosas por las que estás agradecido. Nota: las cosas pequeñas tienen el mismo valor que las grandes; esto significa que en esta lista tiene tanto valor la camiseta limpia que te has puesto esta mañana como ser padre de un niño sano. Escribe aquí las cosas que vienen a tu mente:

_____

_____

REINICIANDO

_____

_____

_____

_____

_____

_____

_____

_____

_____

_____

Ahora que has terminado tu lista, es hora de emprender la búsqueda. Probablemente te estés preguntando: "¿cómo? pero si sé exactamente dónde está todo. ¡Soy yo el que ha escrito la lista!" Y éste es precisamente el punto. No tienes que mover ni un dedo para convertir tu incomodidad emocional en gratitud y alegría. Esto es así porque escoger la gratitud en vez de la depresión no requiere de ninguna búsqueda física, sólo exige un cambio de perspectiva. Este ajuste en tu forma de ver la vida y todo lo que te rodea tiene la capacidad de producir un cambio inmediato de la oscuridad a la luz, y sólo requiere un esfuerzo mínimo de tu parte.

NUESTRO TIKÚN

La Kabbalah nos enseña que todos nacemos con un equipaje mental, emocional, espiritual e incluso físico que venimos arrastrando de nuestras vidas anteriores. Este equipaje es el efecto acumulativo de todas las veces que no pudimos resistir nuestro comportamiento reactivo. Y puesto que nuestro equipaje se presenta en una variedad infinita de formas y tamaños, nuestro *Tikún* personal también puede manifestarse en todo tipo de formas. Para algunos, su *Tikún* es el miedo a hablar en público; para otros, la misteriosa tendencia a escoger siempre a un hombre que no puede ser fiel; en algunos casos es ser la mujer que posee un potencial increíble pero nunca logra nada. Si reconoces un patrón repetitivo en tu comportamiento, debes saber que te encuentras frente a tu *Tikún*. Se trata de un componente negativo de tu personalidad que ya no te beneficia, un componente que dentro de poco aprenderás a transformar en actos de compartir. A medida que aprendemos a reconocer nuestro *Tikún* y lo corregimos, creamos oportunidades para revelar Luz. Y cuando nos hallamos frente a la Luz, nuestra oscuridad empieza a desvanecerse.

La función por excelencia que cumple nuestro *Tikún*, —*siempre y cuando* lo reconozcamos y lo corrijamos— es ampliar nuestra Vasija. No olvides que nuestro propósito principal en la vida es volver a conectarnos con la Luz, y esto lo logramos transformándonos, desarrollándonos y creciendo. Cuando nos desarrollamos y crecemos espiritualmente, nuestra Vasija también lo hace. Y a estas alturas ya sabes lo que significa tener una Vasija grande; una Vasija grande equivale a Luz abundante. Hacemos correcciones y ampliamos nuestra Vasija cada vez que resistimos el impulso de reaccionar rápidamente ante las situaciones desafiantes que se presentan en nuestro camino. Al identificar nuestro *Tikún* y aprender a controlar nuestras reacciones, creamos un cambio permanente y duradero.

NUESTRO TIKÚN Y LA REENCARNACIÓN

Ahora consideremos el principio del *Tikún* encuadrado en el gran proceso del que forma parte: la reencarnación y el viaje del alma. La Kabbalah nos dice que todos somos almas reencarnadas. ¡Muchas cosas incomprensibles comienzan a adquirir sentido cuando las vemos a través de la reencarnación! La mayoría de nosotros hemos vivido la experiencia de visitar un lugar y sentir que ya hemos estado allí. Incluso tenemos un término para denominar esta sensación: *déjà vu*. O quizá hayas visto a alguien por primera vez y, pese a haber estado sólo cinco minutos con esa persona, has sentido que la conocías desde siempre. A la mayoría de nosotros se nos ha enseñado que debemos creer que sólo tenemos una vida. "La vida es breve", decimos, o: "sólo se vive una vez". Pero ¿y si la vida *no* es breve? ¿Y si esta vida es parte de un largo continuo de vidas? Esto explicaría todas aquellas sensaciones evocadoras de *déjà vu* y que ciertas personas desconocidas nos resulten tan familiares.

El concepto de la reencarnación arroja luz sobre muchos de nuestros miedos que parecen irracionales. Supongamos que tenemos miedo a las alturas —mucha gente lo tiene— aun cuando no nos haya ocurrido nada que pueda justificarlo. O que tenemos miedo a navegar, a pesar de que nunca hemos experimentado ningún episodio terrible en un barco ni en el agua. ¿De dónde provienen entonces estos miedos? Según la Kabbalah, reflejan una experiencia traumática que sufrimos en una vida anterior: por ejemplo, nos caímos de un lugar muy alto o fuimos víctimas de un accidente de barco del que quizá no pudimos salvarnos. Estos miedos, que acarreamos de nuestras vidas pasadas, se convierten en la base de nuestro *Tikún*, que está constituido por los restos de nuestras vidas anteriores que necesitamos solucionar en esta vida.

Consideremos el dinero, por ejemplo. Todos conocemos gente que tiene grandes dificultades para atraer la abundancia financiera a su vida. ¿Por qué sucede esto? Es posible que alguien a quien le cueste tanto ganar dinero en esta vida pueda haber sido avaro en una vida anterior. Su deseo de ayudar a otros ha sido mínimo y, como resultado, su Vasija se ha contraído. Su *Tikún* podría consistir en aprender a ser más generoso y ayudar a los demás. En el momento en que este individuo venza su naturaleza egoísta y se dedique a realizar actos de compartir, la abundancia financiera comenzará a fluir en su vida actual.

Todos conocemos la historia de Ebenezer Scrooge en *Cuento de Navidad*, de Charles Dickens. ¡Qué ejemplo tan perfecto de confrontación con el *Tikún* personal! Una vez que Scrooge reconoce su conducta repetitiva, rápidamente la corrige y como resultado experimenta abundancia, felicidad y la capacidad de disfrutar de todo lo que tiene en la vida.

Nuestro *Tikún* no es malo. En realidad, es necesario para nuestro progreso espiritual. El reconocimiento de nuestro *Tikún* nos permite ver el tipo de elecciones que hemos hecho en esta vida y en vidas pasadas, lo cual es un paso crucial para revelar Luz. Cuando vemos nuestro *Tikún* con claridad, adquirimos el poder de perfeccionar nuestras decisiones y de ver aquellas que nos han traído alegría y las que no lo han hecho.

Al comprender nuestro *Tikún* personal podemos:

- Identificar nuestras debilidades para superarlas.

- Reconocer el equipaje que estamos acarreando de vidas anteriores para librarnos de él.

- Evitar los obstáculos y desviaciones del camino que lentifican nuestro progreso hacia la Luz para acceder más directamente a ella.

- Superar nuestros miedos más profundos para poder comprender de dónde provienen, reconocer que no son parte del aquí y el ahora y convertirlos en Luz.

- Dar los pasos para alcanzar nuestro máximo potencial en el sentido más profundo.

Si vencemos aquellos aspectos de nosotros mismos que vinimos a superar a este mundo, nos libraremos de los grilletes que nos aprisionan y podremos alzarnos hasta nuestro máximo potencial. ¡No está nada mal para algo que venimos evitando todos estos años!

Recuerda, no existen malas señales ni nos suceden cosas malas en esta vida; sólo existen distintos tipos de oportunidades. Si podemos ver las situaciones difíciles no como algo malo, sino como oportunidades para cambiar, nos resultará más fácil hacer nuestras correcciones, revelar Luz y vencer la depresión. Comprender esto es algo muy importante. Casi todos luchamos por encontrar el significado de nuestras vidas —por encontrar esa "respuesta" que parece eludirnos continuamente— y la decepción puede llegar a ser devastadora. Llevar a cabo nuestras correcciones nos ayuda a poner fin a esta lucha encaminándonos hacia la Luz.

Si necesitas ayuda para comprender qué significa el *Tikún* y cómo puede ayudarte a crecer, contacta a Ayuda al Estudiante llamando al 1-800-KABBALAH (si llamas fuera de los Estados Unidos, consulta nuestros teléfonos internacionales en la pág. 223).

REINICIANDO

Antes de continuar, analicemos un aspecto más de la depresión y del viaje de las almas que merece nuestra atención. La Kabbalah nos enseña que cuando una persona se suicida, su alma no puede ascender al siguiente nivel. Su alma queda estancada, por así decirlo, en una dimensión intermedia, y allí comienza a buscar un lugar para descansar. La idea de suicidarnos es una forma de cerrar nuestra Vasija; y por ende, es otra forma de alejarnos de las oportunidades para revelar Luz que nos presenta la vida. Cuando una persona tiene pensamientos suicidas inspirados por el Oponente, se arriesga a crear una abertura a través de la cual puede entrar un alma extraviada, lo que yo llamo un "transeúnte". ¿Cómo es eso posible? ¿Recuerdas la Ley de Atracción? Lo similar se atrae. Nuestros pensamientos suicidas atraen almas que alguna vez han vivido y actuado guiadas por esos pensamientos. Estas almas pueden entrar en nuestras vidas y descansar dentro de nosotros, haciendo que los síntomas de nuestra depresión se intensifiquen.

Es importante saber que no hace falta que una persona esté sufriendo una depresión muy profunda para que esto ocurra. Incluso aquellos que sufren una depresión moderada pueden abrir su mente a pensamientos suicidas con el fin de obtener la energía temporal que tal huída proporciona. Esto crea las condiciones ideales para que entre un "transeúnte", el cual hará que los síntomas de depresión moderada se intensifiquen de forma desproporcionada. Esto se debe a que, además del pensamiento depresivo del propio individuo, la persona también acumula la negatividad del alma transeúnte.

Si un alma transeúnte entra en nuestra vida, no significa que debemos estar necesariamente a su merced. Existen algunos pasos que podemos dar para eliminar esta entidad de nuestro ser:

- *Mikvé.* Es un ritual de inmersión en agua. Según la Kabbalah, el agua es una forma física de Luz que posee grandes propiedades curativas. Si nos sumergimos en una piscina llena de agua fresca, nos estamos envolviendo de Luz y eliminando así cualquier rastro de oscuridad.

- **Meditación**. También puede ser muy beneficioso el uso de una meditación muy poderosa llamada *Eliminar los pensamientos negativos y Disipar los vestigios del mal.* El solo hecho de escanear las antiguas letras arameas asociadas con esta meditación puede aliviarnos de la presencia del alma transeúnte. Para mayor información, lee el libro *Los 72 nombres de Dios* o revisa la Parte Seis de este libro, en la que se explica la meditación en los 72 Nombres de Dios con más detalle.

- **Ayuda al estudiante.** Si sientes que necesitas más ayuda, por favor llama al 1-800-KABBALAH (si llamas fuera de los Estados Unidos, consulta nuestros teléfonos internacionales en la pág. 223).

REINICIO RÁPIDO DEL SISTEMA: EJERCICIO 6

Todos tenemos situaciones, personas y patrones que aparecen en nuestra vida una y otra vez. Detente un momento a reflexionar sobre tu vida. ¿Ves algún patrón? ¿Hay acciones que realizas de forma repetida o personas que atraes a tu vida y que siempre te acaban haciendo daño? Reconocer las tendencias en nosotros mismos es el primer paso para corregirlas. Y una de las claves para identificar estas tendencias es ser completamente honesto acerca de las situaciones dolorosas y repetitivas que ocurren en nuestra vida. No hay motivo para sentir vergüenza, ya que ésta sólo sirve para mantener oculto a nuestro *Tikún*. Ahora es el momento de abrirte y ser honesto contigo mismo. Escribe a continuación cualquier patrón que puedas reconocer:

_____

_____

_____

_____

_____

_____

_____

REACCIONAR O NO REACCIONAR

Lo primero que debemos hacer para corregir nuestro *Tikún* es aprender a resistir nuestras tendencias reactivas. Así es como empezamos a alcanzar todo nuestro potencial como seres humanos, ¡y entonces comienza a ocurrir lo emocionante!

Una de las herramientas más útiles que la Kabbalah tiene para ofrecer es un método por el cual podemos identificar primero nuestro comportamiento reactivo y luego transformarlo en proactivo.

Pero, ¿qué es exactamente el comportamiento reactivo?

Según la Kabbalah, estamos siendo reactivos siempre que nos sentimos como si las cosas nos sucedieran, sin importar si respondemos o no a ese sentimiento con un comportamiento activo o pasivo. Por ejemplo, cuando echamos la culpa de nuestras desgracias a las condiciones externas. Al ser reactivos, reducimos inconscientemente nuestra Vasija, y con ésta nuestro deseo de vida y Luz.

Y nos alejamos aun más . . .

Cada vez que cerramos la puerta de esa habitación (no porque necesitemos descanso y relax, sino porque el Oponente nos

arrastra hacia allí) estamos negando a alguien nuestra gene-
rosidad, nuestro talento y nuestra capacidad inherente para
ayudarle a atravesar su sufrimiento y avanzar hacia la Luz. Esto
es comportamiento reactivo.

ACTUANDO PROACTIVAMENTE

Ahora que estamos aprendiendo a reconocer con más precisión nuestro comportamiento reactivo, es tiempo de que aprendamos a transformarlo en algo infinitamente más beneficioso: comportamiento proactivo. Éste es un término que mi padre concibió para describir cualquier pensamiento, palabra o acto que llevamos a cabo y que desafía nuestra naturaleza básica.

Cuando actuamos proactivamente, reconocemos que nunca nada *nos sucede*; nosotros somos los que estamos a cargo de nuestra vida. Y si somos nosotros mismos los que nos *estamos sucediendo* —bien o mal— entonces nos estamos conectando con el Reino del 99 por ciento. He aquí un punto muy importante que debemos recordar:

Cada vez que compartimos y que restringimos nuestros impulsos reactivos, nos estamos comportando proactivamente. Esto es así porque cuando nos comportamos proactivamente actuamos como lo hace la Luz del Creador.

Por otro lado, el comportamiento reactivo sólo sirve para atraer la oscuridad y la depresión. Para entender mejor este concepto, revisemos la ley de causa y efecto: cuando en nuestro trato con hechos y personas sucumbimos al comportamiento reactivo, nos volvemos el *efecto* de nuestros impulsos en vez de la *causa* de nuestras vidas. De esta manera, perdemos afinidad con el Creador, que es la causa de todas las cosas maravillosas. En cambio, si orientamos nuestra atención hacia el comportamiento proactivo, nos transformamos en la causa, nos volvemos creadores. Y cuando somos la causa, estamos en afinidad con la Luz.

¿QUÉ QUIERO REALMENTE?

¿Estás listo para convertirte en el creador de tu vida y eliminar la depresión para siempre? Si tu respuesta es sí, entonces ha llegado la hora de aprender y practicar el simple acto —aunque profundo— de hacer una pausa antes de reaccionar. ¿Por qué es tan difícil detenerse por un momento justo antes de reaccionar? Posiblemente lo hayas adivinado: porque el Oponente lo hace difícil. Muy difícil. Cuando nos enfrentamos a cualquier situación, sea placentera o dolorosa, el Oponente nos urge a reaccionar sin pensar. Él quiere que nos dejemos llevar por nuestra naturaleza reactiva. ¿Por qué? Porque cuando lo hacemos, nos desconectamos del Reino del 99 por ciento y de toda la Luz que este reino nos brinda. Y así quedamos instalados exactamente donde el Oponente quiere que estemos: solos en la oscuridad.

Si nos detenemos a considerar nuestras reacciones y elegimos ser partícipes conscientes y presentes de nuestra propia vida, podemos comenzar a experimentar un increíble alivio de nuestra depresión. Esto implica dejar de funcionar en piloto automático y abstenernos de responder a las provocaciones como lo hacíamos hasta hoy. Confiar en nuestros antiguos patrones de funcionamiento no nos sacará de la oscuridad. Pero sí lo hará crear una brecha entre el estímulo y nuestra respuesta, ya que en el curso de esa pausa tendremos la oportunidad de hacernos una pregunta crucial:

¿QUÉ QUIERO REALMENTE?

El hecho de hacernos esta simple pregunta nos impulsa a revelar los deseos verdaderos de nuestro corazón. Por ejemplo, si estamos considerando una relación de una noche: ¿queremos sexo o una conexión emocional verdadera con alguien que nos ame y a quien nosotros amemos? Si queremos obtener dinero: ¿queremos el efectivo o es el sentimiento de seguridad lo que realmente deseamos? Actualmente, muchas personas se someten a operaciones de cirugía plástica: ¿realmente quieren transformar sus cuerpos o su autoestima?

Hacernos esta simple pregunta —¿qué es lo que realmente quiero?— nos lleva a comprender que los deseos verdaderos de nuestro corazón nunca son temporales y pasajeros, como lo es ganar una pelea o decirle a alguien lo que se merece oír. Lo que realmente queremos es una conexión duradera con aquellos que nos rodean. Al hacer una pausa para considerar nuestras respuestas con detenimiento, es menos probable que escojamos aquellas reacciones que nos dejarán sintiéndonos vacíos apenas unos segundos después. Cuando nos hacemos esta pregunta, damos una oportunidad a la Luz de verterse en nuestra Vasija y guiar nuestra respuesta. Sólo si resistes tu impulso de dar un golpe cuando estás enojado crearás nuevas posibilidades para obtener alegría y satisfacción verdaderas.

Dicho sea de paso, tomarnos un momento para considerar una respuesta no significa necesariamente que no podamos responder. Tras la pausa, todavía podemos decidir actuar —incluso actuar duramente— pero lo haremos concienzudamente. Por ejemplo, es probable que la mujer que se coló delante de nosotros en la fila no merezca nuestra atención, pero sí el compañero que robó tu idea en el trabajo. Y no habría nada malo en intentar poner un remedio a la situación. Según la Kabbalah, todo sucede por un motivo. En este último caso, en vez de encerrarnos y sentir que la vida nos sucede sin importar lo que hagamos, hablar con el compañero de trabajo tal vez represente para él la oportunidad de descubrir sus propios dones. Quizá tu colega tenga algunos problemas personales que lo están llevando a actuar de forma imprudente e irrespetuosa. Si estamos presentes en la situación, podremos descubrir formas en las que podemos compartir y, al hacerlo, revelamos aun más Luz. Además, puede que esa charla sea el comienzo de una buena amistad. Verdaderamente, las posibilidades que contiene un comportamiento proactivo son ilimitadas.

REINICIANDO

Hace poco una mujer me dijo que sus relaciones más importantes comenzaron sin que a ella le gustara la otra persona. Su ojo crítico le había estado impidiendo desarrollar conexiones valiosas con la gente que la rodeaba. Claramente, ésta era una indicación de su *Tikún*. Pero la mujer pudo transformar la energía de su reacción inicial en comportamiento proactivo. Y al comportarse proactivamente, pudo correr la cortina y revelar la Luz.

La Kabbalah nos muestra cómo transformar la energía que conllevan nuestras respuestas. Siempre surgirán situaciones difíciles, esto es algo que no *podemos* controlar; pero lo que sí podemos controlar es cómo recibimos esas situaciones.

RECAPITULEMOS LO APRENDIDO

Hasta aquí has aprendido una gran cantidad de información útil. Dediquemos un momento a recapitular toda esta información. Para ayudarnos a transformar nuestro comportamiento reactivo en comportamiento proactivo, la Kabbalah nos ofrece la siguiente Fórmula de la Transformación paso a paso:

1. *Surge un obstáculo.*

2. *Identifica al verdadero enemigo.* Ten en cuenta que tu reacción (el Oponente) —y no el obstáculo— es el verdadero enemigo, y que el Oponente no es más que nuestro propio ego.

3. *Apaga tu sistema reactivo.* Esto crea espacio para dejar que la Luz entre.

4. *Expresa tu naturaleza proactiva.* Mírate a ti mismo como la causa, como el creador, como un ser que comparte.

El momento de la transformación ocurre durante los pasos 3 y 4. Es entonces cuando podemos conectarnos con el Reino del 99 por ciento y llegar a tocar la Luz. Ahora veamos cómo podríamos aplicar la Fórmula de la Transformación en una situación de la vida real. Supongamos que tu amiga te invita a una fiesta. Te dice que irán muchas personas solteras y tú estas solo hace mucho tiempo y te gustaría mucho estar saliendo con alguien. Piensas que tener a alguien especial en tu vida te levantará el ánimo. La noche anterior no duermes bien, pese a que estás muy cansado. Al día siguiente en el trabajo piensas en la fiesta y en cuánto te apetece ir, pero después te imaginas teniendo que hablar con completos desconocidos y sin nada interesante que decir. Cuando esa tarde regresas a tu casa, planificas comer algo, ducharte y vestirte, pero después de cenar decides mirar tu programa de televisión favorito. Cuando el programa termina, miras en tu armario y te das cuenta de que la única camiseta apropiada está sucia y que no hay nada más que te quede bien. Tu espalda te está comenzando a doler de nuevo, por lo que piensas que será mejor descansar y cuidarte que salir de fiesta. Aunque crees que sería interesante conocer a alguien especial, prefieres esperar una noche en la que tengas algo apropiado que decir o te sientas un poco mejor contigo mismo.

Además, hay algo muy reconfortante y tranquilizador en la idea de deslizarte entre unas cálidas sábanas con un recipiente lleno de palomitas de maíz y el control remoto.

A primera vista, este comportamiento puede no parecer reactivo porque es muy pasivo. ¿Dónde está el comportamiento abusivo? ¿Dónde está la violenta ira? Pero apliquemos la fórmula kabbalística en esta situación y veremos que puede acabar de un modo totalmente distinto si nos conectamos con la Luz y nos resistimos al Oponente.

1. *Surge un obstáculo.* Has sido invitado a una fiesta. Esta oportunidad te presenta con el desafío de abandonar la zona de confort que has establecido en tu vida. Supone una amenaza para el refugio seguro que has creado para tus emociones y que te protege de las esperanzas y los miedos —o deseos— que has reprimido.

2. *Identifica al verdadero enemigo.* Reconoce que tu reacción es el verdadero enemigo. Es contra la falta de deseo que tienes que luchar, no contra la perspectiva de asistir a una fiesta.

3. *Apaga tu sistema reactivo* para permitir que la Luz entre. Existe una milésima de segundo antes de tomar cualquier decisión, hasta la más espontánea, en la que escogemos la forma en que vamos a responder. Cuanto más control ejerzas sobre tu comportamiento reactivo, mayor acceso tendrás a ese momento de elección. Cuando pensamos que nos falta intelecto, atractivo o capacidad, estamos siendo reactivos. Juzgar a alguien, incluso a nosotros mismos, es un comportamiento

reactivo. Por lo tanto, en el momento en que saboteas tu deseo de ir a la fiesta porque te preocupas por tu apariencia, estás comportándote de forma reactiva. Por el contrario, si no reaccionas inmediatamente ante esta clase de preocupaciones y te tomas unos instantes para darte cuenta de que realmente quieres ir, estás aceptando la responsabilidad por tu propia vida. Ésta es una forma de honrar a tu deseo más profundo.

4. *Expresa tu naturaleza proactiva.* Considérate la causa, el creador, un ser que comparte. Recuerda que compartir es una de las formas más eficaces para combatir la depresión y atraer la Luz. Y la única forma que tienes de compartir es interactuando con los demás, ¿verdad? La lucha contra la depresión exige acción. Cuando estamos deprimidos, se nos estanca la mente, el cuerpo y el alma. Pero tenemos el poder de reanimar nuestro deseo si actuamos en la forma debida. Asistir a la fiesta despierta el deseo de tener compañía, compartir, ser bondadoso y tal vez incluso de intimidad física. Todas ellas cosas buenas. Y una vez que el deseo vuelva a fluir, nuestra depresión comenzará a desvanecerse.

He visto a los cuatro pasos de la Fórmula de la Transformación en pleno funcionamiento una y otra vez.

REINICIANDO

Harry había estado luchando contra la depresión durante por lo menos veinte años cuando se acercó a uno de nuestros Centros de Kabbalah. Harry se "automedicaba" su depresión abusando del alcohol y de las drogas. También le aterrorizaba la idea de estar solo. La depresión no siempre se manifiesta con un comportamiento solitario; muchas personas depresivas crean un caos constante en sus vidas porque tienen miedo de estar solas. Recuerda que afrontar tu depresión —identificarla y aceptar tu responsabilidad— es el primer paso hacia la curación. La Fórmula de la Transformación benefició a Harry como el rocío a la hierba. Así lo explica él:

> "Había probado todas las drogas recetadas y robadas, por no hablar del alcohol y los cigarrillos. Pasé muchas noches agradables —algunas fantásticas— pero después de un tiempo las 'mañanas siguientes' comenzaron a ser cada vez más dolorosas. Durante un tiempo mataba el dolor con más drogas. Después dejé la heroína y el alcohol y comencé a probar un antidepresivo tras otro, tratando de encontrar uno que me calmara y al mismo tiempo me diera vigor. Mientras tanto, un gran agujero crecía dentro de mí. Una vez que dejé de ir a fiestas, muchos de mis "amigos" ya no querían pasar tiempo conmigo, por lo que comencé a pasar más y más tiempo solo.

¡Esto no fue bueno para mí! Soy una persona que piensa mucho y todo lo que hacía era pensar lo horrible que era mi vida; y no sólo eso, sino que pensaba qué horrible era la vida de *todos los demás.* No podía dormir, y no pasó mucho tiempo hasta que volví a la heroína, a los bares y a estar constantemente rodeado de gente. Por lo menos así podía distraerme un poco del gran dolor que sentía.

"Cuando comencé a estudiar la Fórmula de Transformación, poco a poco fui reconociendo algunos de mis comportamientos. Parece ser que la mayoría de los drogadictos están simplemente buscando la Luz. Nosotros lo llamamos 'volar', pero en muchos aspectos la sensación es la misma. Yo iba tras ese sentimiento de una forma que no podía durar. Mi obstáculo eran las drogas, pero éstas eran sólo el efecto. Mi verdadero enemigo era mi miedo a estar solo con mi depresión, con el gran agujero negro que se había adueñado de mi corazón. Por supuesto, mi reacción a esto fue tomar más drogas. Sólo deseaba ocultarme de mi propio dolor y las drogas eran un efecto de ese deseo. Sabía que cada vez que consumía drogas estaba siendo reactivo.

REINICIANDO

Poco a poco comencé a cambiar. En vez de ir a los bares, un día invité a una buena amiga a cenar y conversamos en profundidad sobre cómo es estar deprimido. Resultó que ella también estaba luchando contra la depresión, aunque nunca estaba en las fiestas a las que yo iba porque estaba demasiado ocupada mirando la televisión debajo de su edredón. Después me dijo lo importante que había sido para ella salir de su casa ese día y cenar conmigo para resistir su comportamiento reactivo. Así, reconociendo mi obstáculo y eligiendo resistir mi comportamiento reactivo, no sólo me ayudé a mí mismo, sino que ayudé a alguien más. Tiempo después aprendí que ésta es una forma de compartir y una de las herramientas clave para superar la depresión.

"A partir de esa noche, pese a que nada había cambiado dramáticamente, comencé a aplicar la Fórmula de la Transformación cada vez que podía. Ya han pasado cuatro años y estoy completamente limpio, ni siquiera tomo antidepresivos, y si bien sigo disfrutando de la compañía de los demás, puedo estar conmigo mismo y mis zonas de molestia o dolor. Siempre es difícil enfrentarse a las partes dolorosas de uno mismo, pero ahora puedo hacerlo porque sé que es el primer paso para transformarlas en deseo y Luz."

La Kabbalah nos enseña que existen dos formas de eliminar las cortinas que oscurecen la Luz: el sufrimiento y la transformación espiritual. Cuando sufrimos, el dolor involucrado en el proceso —el sufrimiento, el desconsuelo, la pena— produce una especie de catarsis. Purga nuestro ego y deja que nuestra alma —nuestro verdadero yo— brille más intensamente. Éste es el motivo por el que podemos sentir una repentina sensación de unidad y amor con otros cuando ocurre una tragedia o por el que nos sentimos mejor después de haber llorado. La experiencia de sufrimiento profundo subyuga a nuestro ego y toca nuestra alma.

Sin embargo, la Luz experimentada a través del sufrimiento es sólo temporal por naturaleza. Cuando el recuerdo del dolor se desvanece, nuestra alma se retira y nuestro ego se siente otra vez lo suficientemente fuerte como para tentarnos a reaccionar, a dar rienda suelta a nuestros impulsos. Presta atención a los momentos en los que el ego está jugando al gato y al ratón. Detente un momento y controla tu respuesta. La Fórmula de la Transformación es la clave para despertar tus deseos.

LA IMPORTANCIA DE LA VOLUNTAD

Puedes leer este libro diez veces, subrayar los pasajes más importantes y alentar a tus amigos a experimentar con la Fórmula de Transformación, pero sin una voluntad genuina y profunda de cambiar, no lograrás nada. La voluntad no es una emoción superficial. No es lo mismo que querer algo, por ejemplo. Lo que se quiere puede ser pasajero y puede abarcar desde una raqueta de tenis hasta un cuarto de baño de color rosa o un mejor amante. Puedes querer algo hasta reventar, pero sin la voluntad de dar los pasos necesarios para conseguirlo, todo quedará igual.

Si estás leyendo este libro, sin duda quieres liberarte de la depresión. Esto es muy bueno porque significa que estás experimentando deseo y que tu falta de deseo está comenzando a desaparecer. Excelente. Sin embargo, considera si realmente estás dispuesto a dejar ir a tu depresión. La naturaleza humana es tener costumbres arraigadas. Incluso nuestras tendencias más perjudiciales pueden parecernos reconfortantes simplemente porque son familiares. ¿Cómo sería no estar deprimido? ¿Qué sucedería si el deseo surgiera? ¿Podría alentarnos a hacer cosas para las que no estamos preparados? ¿Nos presionaría más de lo que estamos preparados? ¿No traería el fin de la depresión sus propias complicaciones, tal

REINICIANDO

vez algunas peores que las actuales? ¿Cómo será enfrentarnos a nuestro *Tikún*? Tómate unos momentos para considerar estas preguntas antes de continuar.

Puede que no nos guste estar deprimidos, pero al menos sabemos de qué se trata. ¿Cómo podemos querer algo que nunca hemos experimentado antes? A menudo tenemos miedo al cambio. El cambio trae consigo una serie de emociones nuevas y apenas hemos hecho las paces con las que ya conocemos. Por lo tanto, para cambiar de forma significativa y duradera, hace falta una fuerte voluntad y disposición. Pero no te preocupes, te mostraré cómo puedes fortalecer tu voluntad.

Hay una enseñanza kabbalística tradicional que dice así:

Un estudiante se acercó a su maestro y le confesó las inconmensurables malas acciones que lamentaba haber realizado. El maestro, que era un gran kabbalista, le dijo que eran cosas tan horrendas, que la única forma posible de expiación sería una muerte agonizante: el estudiante debía beber mercurio caliente. Al principio, el estudiante estaba muy afligido y aterrorizado; había muchas cosas en su vida que no quería dejar y, ciertamente, no quería sufrir una muerte lenta y dolorosa. Pero después de un prolongado examen de conciencia, el estudiante aceptó. No obstante, le pidió a su maestro que le administrara el veneno, pues él no se sentía capaz de hacerlo por sí mismo.

El kabbalista le pidió al estudiante que se acostara, cerrara los ojos y abriera la boca. Éste obedeció y el maestro vertió un frío líquido en su garganta. Puesto que el estudiante esperaba entrar en una agonía, se sorprendió al ver que continuaba vivo. El líquido no había sido más que agua. El kabbalista le explicó que como había estado dispuesto a morir para expiar sus pecados —se había enfrentado al miedo más grande que existe, el miedo a la muerte—, todos los rasgos negativos que antes lo habían empujado a cometer esos actos horrendos se habían transformado en Luz.

¿Cuál es el mensaje de esta historia? La importancia de la voluntad. El estudiante no sólo *quería* expiar sus malas acciones, sino que además tenía la *voluntad* de hacerlo. Tenía una determinación y una claridad que surgían de lo más profundo de su alma. Para poder cambiar, debemos encontrar esta misma voluntad —ese mismo sentido de determinación y claridad— dentro de nosotros.

PARTE SEIS

RECURSOS QUE SANAN

REINICIANDO

La tecnología de la Kabbalah contiene una gran cantidad de recursos y prácticas comprobadas que te ayudarán en tu viaje para salir de la depresión; tenerlos siempre a mano te permitirá mantener a raya la oscuridad. Consideremos algunas de estas antiguas herramientas.

EL ZÓHAR

EL CALENDARIO KABBALÍSTICO

LOS 72 NOMBRES DE DIOS

AGUA

LA QUEMA

EL ZÓHAR

EL ZÓHAR

Se trata del texto esencial de la Kabbalah. Fue escrito en arameo hace más de 2.000 años y contiene los comentarios místicos sobre la *Torá*. En arameo, la palabra *Zóhar* significa "resplandor" o "esplendor", motivo por el cual *El Zóhar* también es conocido como *El Libro del Esplendor. El Zóhar* es como una vela en este mundo de oscuridad. Trasciende cualquier religión, raza, género, política o geografía. Toda oscuridad, sin importar cuán penetrante sea, cede el paso al poder de la Luz, aun cuando ésta provenga de una simple vela.

¿Qué puede hacer este antiguo texto por ti? El simple acto de escanear *El Zóhar* —recorriendo con la vista sus secuencias de letras— puede activar una gran energía curativa dentro de nosotros, aunque sólo lo hagamos cinco o diez minutos al día. Todos los grandes kabbalistas han puesto en práctica esta herramienta, a la que atribuían poderosos avances, tanto en sí mismos como en sus estudiantes. Al escanear *El Zóhar*, permitimos que nuestra mente contemple el significado de despertar el deseo, eliminamos nuestros bloqueos y curamos nuestros miedos. Por supuesto que tu ego intentará convencerte de que escanear pasajes en un idioma que no comprendes jamás podría tener efectos positivos en tu bienestar. Asegúrate de que ignoras esta voz. El ego nos distrae una y otra vez con el argumento de que la lógica es la única forma de entender las cosas. ¡No es así! Por supuesto que hay capacidad de entendimiento en el reino de la lógica, eso es cierto; pero existen muchos otros reinos que no podemos ver, escuchar, tocar, oler o degustar. Intenta escanear *El Zóhar* una vez por la mañana y otra vez antes de dormir. Si sientes mejoras, continúa haciéndolo cada día.

Permíteme que te cuente la historia de una de mis estudiantes. Hace aproximadamente diez años, Elliott vino a verme quejándose de que no podía dormir. Cada noche se despertaba alrededor de las 2 de la mañana sintiéndose especialmente deprimida y vacía, y no lograba volverse a dormir durante horas. Cuando nos conocimos, Elliott se sentía tan decaída que hasta tenía problemas de productividad en su trabajo. Hablamos acerca de cómo el Oponente (su propio ego) era quien estaba despertándola cada noche para atormentarla con pensamientos negativos. Entonces decidió que la próxima vez que le sucediera meditaría sobre *El Zóhar*. Y efectivamente, la noche siguiente se despertó a las 2 de la mañana; pero esta vez escaneó *El Zóhar* concentrándose en despertar su deseo, y a los pocos minutos comenzó a sentir sueño.

Elliott repitió el mismo procedimiento la noche siguiente y varias noches más. Finalmente, al cabo de dos semanas de leer *El Zóhar*, al despertarse una noche su ego cayó en la cuenta de que interrumpirle el sueño estaba alimentando en ella un hábito que liberaba una gran cantidad de Luz y disminuía su poder. Por eso el Oponente se detuvo. Elliott ha estado durmiendo muy bien desde ese momento. Además, la práctica del escaneo con la intención de reavivar su deseo no sólo le permitió dormir por las noches, sino que también cambió sus días. Elliott comenzó a buscar compañía y encontró interés en su trabajo. Después de varios meses de escaneo diario, recibió un ascenso. Elliott continua practicando el escaneo del *Zóhar* a diario y como resultado disfruta mucho más cada día.

EL CALENDARIO
KABBALÍSTICO

EL CALENDARIO KABBALÍSTICO

El Zóhar contiene otro valioso componente que también podemos utilizar como recurso para superar la depresión: el calendario kabbalístico.

Según *El Zóhar*, este calendario no sólo es una forma de marcar el paso del tiempo, sino que ante todo es una herramienta para ayudarnos a identificar las diferentes energías y oportunidades que existen en el universo.

Permíteme explicártelo con un ejemplo del mundo físico: la jardinería. Cuando preparamos un jardín de flores, debemos saber cuáles son las estaciones específicas más adecuadas para plantar las semillas de cada tipo de flor. Por ejemplo, plantar un rosal en pleno invierno sería una mala idea, pero otro tipo de flores más resistentes pueden crecer muy bien en climas especialmente fríos. Ser consciente de este tipo de oportunidades es tan beneficioso como prudente.

Para la Kabbalah, el enunciado "como es arriba, es abajo" significa que nada puede suceder en el mundo físico si no es antes impuesto por el Reino del 99 por ciento. El calendario kabbalístico describe las distintas ventanas espirituales durante las cuales podemos aprovechar las oportunidades que existen en el reino físico y que afectan desde la salud física hasta el desarrollo espiritual. Existen ciertos momentos del año en los que podemos plantar semillas para conocer a nuestra alma gemela, por ejemplo. Por el contrario, en otros momentos es recomendable *no* plantar semillas para el matrimonio ni comprar una casa. Asimismo, hay épocas durante el año en las que la curación es más factible y otras en las que debemos tener cuidado de *no* plantar semillas que puedan generar destrucción o enfermedad.

Uno de los obstáculos principales con el que se debe tener cuidado en el mes de Cáncer —que cae entre los meses de julio y agosto— es la depresión. ¿Notaste alguna vez que hay momentos particulares del año en los que tiendes a sentirte más deprimido? Pues bien, según el calendario kabbalístico, es mucho más difícil conectarse con la Luz durante el mes de Cáncer porque desde el punto de vista cósmico la Luz está en un estado de ocultamiento. Esto crea un gran potencial para la depresión y por eso durante estos días debemos hacer un esfuerzo mayor para conectarnos con la Luz.

El potencial de activación de las células cancerígenas del cuerpo también aumenta durante este período. Los kabbalistas explican que en el transcurso de este mes podemos llegar a plantar —sin quererlo— la semilla de una enfermedad que puede no aparecer hasta muchos años más tarde, lo cual nos hará difícil conectar la causa con el efecto. Como seguramente recordarás, éste es el trabajo del Oponente. Al Oponente le encanta utilizar el tiempo para confundirnos y hacernos creer que la vida es caótica y aleatoria. ¡Pero tú sabes que no es así!

El Zóhar y el calendario kabbalístico nos proveen información extraordinariamente útil para ayudarnos a contrarrestar los engaños del Oponente. *El Zóhar* nos hace saber literalmente que durante el mes de Cáncer somos susceptibles a la depresión y nos volvemos propensos a plantar inadvertidamente la semilla del cáncer. ¡Es como si *El Zóhar* nos informara intencionalmente del plan del Oponente! Una vez hemos sido provistos de este conocimiento podemos aprovecharlo para ser positivos y compartir durante ese periodo de tiempo con el propósito de desviar la depresión y la enfermedad.

No es sorprendente que la ciencia médica esté descubriendo ahora lo que los kabbalistas afirmaron hace más de 2.000 años: que existe una estrecha conexión entre la depresión y otras enfermedades. De hecho, existe una nueva rama de la ciencia llamada psiconeuroinmunología, dedicada a explorar la conexión entre la mente y el sistema inmunológico. Al incorporar activamente la sabiduría del calendario kabbalístico en nuestra vida cotidiana, podremos fortificar nuestro sistema inmunológico y eliminar la enfermedad y la depresión de nuestras vidas para siempre.

LOS 72 NOMBRES
DE DIOS

REINICIANDO

LOS 72 NOMBRES DE DIOS

Este tipo de energía curativa tan profunda se halla también en los 72 Nombres de Dios. No se trata de "nombres" en el sentido común del término; los 72 Nombres de Dios son una fuerza de vida, una completa tecnología de curación, protección y cambio positivo que fue revelada originalmente en *El Zóhar*. En realidad, los Nombres son más poderosos que cualquier otra herramienta de curación descubierta en el siglo XXI. Y lo son porque funcionan al nivel del ADN del alma, o lo que los físicos llaman "nivel cuántico de la realidad". Los Nombres tienen el poder de eliminar cualquier interferencia que puede estar bloqueando nuestros deseos. Y cuando la interferencia desaparece, podemos conectarnos de nuevo con nuestro deseo verdadero.

Como probablemente ya hayas adivinado, existen 72 Nombres en total. Si estás interesado en aprenderlos todos, te invito a revisar mi libro Los *72 Nombres de Dios* o a visitar la página Web: www.72.com. Hay Nombres especiales para combatir los señuelos del Oponente en relación con la depresión. En las próximas páginas hallarás una lista de algunos de estos Nombres específicos con sus correspondientes meditaciones.

Los 72 Nombres de Dios están formados por 22 letras arameas

que contienen una gran cantidad de energía espiritual. Puesto que —como ya he dicho— no son nombres en el sentido tradicional, muchas veces no existe modo de pronunciarlos. Asimismo, la configuración específica de las secuencias de tres letras de los 72 Nombres no tiene ningún significado literal. Sin embargo, desatan una fuerte influencia sagrada y profunda cuando los visualizamos y meditamos en utilizar esa fuerza en nuestras vidas.

De hecho, la palabra en arameo *letra* significa "pulso" o "vibración". Al leer estas letras, estás interactuando con sus pulsos o energías. Diferentes combinaciones de letras crean energías distintas, del mismo modo que las diferentes combinaciones de notas musicales crean melodías distintas. Cada Nombre contiene una cantidad infinita de energía positiva y curativa a la que podemos acceder en cualquier momento que la necesitemos.

No te preocupes si no puedes leer en arameo, porque sólo queremos conectarnos con las vibraciones energéticas, no con la información intelectual de los significados. Estos 72 Nombres son símbolos universales cuyo poder y cuya energía espiritual trascendienden las distinciones basadas en la religión, la raza, la clase social, el género o la geografía, es decir, todas las clasificaciones externas. Las vibraciones curativas de los 72 Nombres están destinadas al alma, y el alma no reconoce estas diferencias. Simplemente escaneando las letras de derecha a izquierda nos transmite su poder.

Existen tres requisitos indispensables para activar el poder de los 72 Nombres de Dios:

1. Convicción en su poder;

2. Una comprensión de la influencia particular que irradia cada Nombre; y

3. Una acción física de seguimiento para activar su poder.

El primer requisito depende enteramente de ti. ¡Tu ego intentará de nuevo recurrir a la lógica para hacerte dudar sobre el poder de estas letras! Y es posible que tu depresión te diga que es más fácil no hacer nada que luchar contra tu duda. En ese preciso momento es importante que recuerdes que cuanto más reactivos somos, más poderoso se vuelve nuestro ego. La certeza es proactiva; es una forma de voluntad y un deseo. Tomar parte en esta batalla y ganarla es la forma en que encontrarás la Luz.

El segundo requisito se te proporciona. La influencia espiritual y el poder de los cinco Nombres que son especialmente útiles para combatir la depresión están ahora disponibles para ti, tras miles de años de secretismo. Apreciar este hecho fortalecerá tu conexión con la Luz.

El tercer requisito, la acción de seguimiento, es con frecuencia el más difícil de cumplir. Si, por ejemplo, tienes miedo de conocer gente, entonces necesitas iniciar una conversación con la persona que se encuentra detrás de ti en la fila de la cafetería. Si tienes fobia a las alturas, atrévete a subir a la azotea de un edificio alto. Que un amigo te acompañe, pero lleva a cabo la acción. Enfréntate a tus miedos y luego . . . ¡lleva a cabo la acción que éstos te impedían realizar!

Como ya habrás notado, la tecnología de los 72 Nombres se basa en el comportamiento proactivo, sin el cual ni las más poderosas tecnologías pueden beneficiarnos. Pero cuando resistimos nuestro comportamiento reactivo y damos la bienvenida a palabras, pensamientos y acciones proactivas, activamos el poder y la energía curativa de estos Nombres.

MEDITACIÓN

¿Quieres saber cómo debes meditar sobre uno de los Nombres? Ya vimos en la Parte Cuatro que la meditación puede ayudarnos a permanecer en el momento presente, y que ello tiene un efecto curativo en la depresión. Pero va mucho más allá. Podemos meditar sobre algunos Nombres específicos que nos suministrarán un alivio directo de la depresión alentando nuestro deseo y revelando Luz.

Busca un lugar tranquilo, en el que tengas menos probabilidades de ser interrumpido por tus vecinos curiosos, tu preocupada pareja, tu mascota fiel y tus amigos aburridos. Después, asegúrate de que el lugar esté limpio y ordenado. Es bueno que seas respetuoso contigo mismo y con el linaje espiritual de estas letras. Ahora siéntate en una silla cómoda. Es mejor que sentarte en el suelo porque estás utilizando estos Nombres para elevarte, y sentarte en el suelo te empuja hacia abajo. La meditación kabbalística debería practicarse siempre sentado en postura correcta en una silla.

Ahora permite que tus ojos descansen en las letras con suma atención, pero sin concentrarte ni enfocar la vista excesivamente. Intenta no distraerte. Si esto ocurre, concéntrate nuevamente en las letras. Muchas veces es útil enfocarse en los movimientos de nuestra respiración: inhalación y exhalación. Incluso puedes imaginar que estás inhalando el poder de las letras y que este poder está llenando cada molécula de tu cuerpo. Luego, cuando exhalas, imagina que estás exhalando el poder para que otras personas puedan acceder a él. Luego, mientras las sigues mirando, respira meditando sobre el poder de las letras; intenta visualizarlo con forma de luz blanca y deja que te llene. Continúa haciendo esto hasta que tu respiración y tus visualizaciones se sientan libres y naturales. Ahora cierra los ojos y observa las letras en tu mente. Intenta imaginarlas de la forma más vívida posible, como si estuvieras mirándolas en la página. Evoca las letras negras sobre un fondo blanco. Ahora abre los ojos.

Una vez más, concéntrate con la vista en el poder de las letras. Utiliza la técnica de inhalar y exhalar Luz. Continúa haciendo esto durante un intervalo que te resulte adecuado. Cierra los ojos una vez más y visualiza las letras, pero esta vez imagínalas de color blanco sobre un fondo negro. Deja que llenen totalmente tu mente. Si surgen otros pensamientos o imágenes, no te preocupes; sólo céntrate en tu respiración hasta que logres alejarlos. Ten en cuenta que ahora las letras no están en el papel, ¡sino dentro de ti! Ahora, abre los ojos. Resístete a la necesidad de volver a examinar las letras. Por el momento, las letras impresas son irrelevantes. Las letras están dentro de ti. En realidad, siempre han estado dentro de ti; solo que ahora las has despertado.

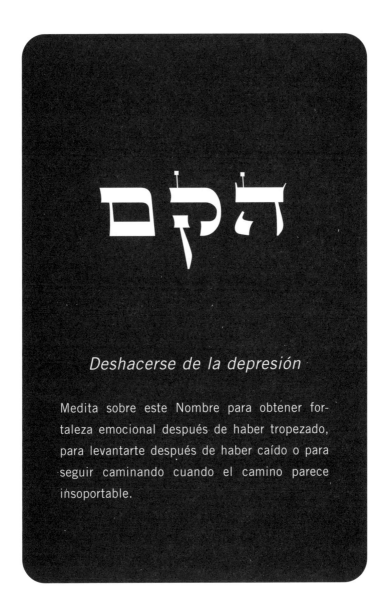

הקם

Deshacerse de la depresión

Medita sobre este Nombre para obtener fortaleza emocional después de haber tropezado,
para levantarte después de haber caído o para
seguir caminando cuando el camino parece
insoportable.

REINICIANDO

Autoestima

Medita sobre este Nombre para establecer una conexión directa con la Luz dentro de ti y obtener el poder para resolver tus propios problemas.

REINICIANDO

מוזי

*Proyectarse bajo una Luz
favorable*

Medita sobre este Nombre para revelar lo bueno
que hay en tu alma a ti y a otros.

Reconocer el designio bajo el desorden

Medita sobre este Nombre para lograr un profundo entendimiento de la ley de causa y efecto, y para infundir en ti la aceptación de las privaciones y circunstancias caóticas como oportunidades para elevarte espiritualmente. También para expandir tu deseo y alcanzar tu máximo potencial.

Responsabilidad

Medita sobre este Nombre para librarte de la creencia de que no puedes controlar lo que te pasa y reemplazarla por el conocimiento de que eres el creador de tus propias circunstancias. Sea lo que sea lo que hayas creado —bueno o malo— puedes cambiarlo.

Recobrar las chispas

Medita sobre este Nombre para recuperar las chispas de Luz espiritual que pertenecen a tu alma.

עמם

Pasión

Medita sobre este Nombre para avivar las llamas de la pasión en tu corazón y tu alma, y para reactivar tus deseos.

AGUA

AGUA

El agua tiene inmensos poderes curativos. La *Mikvé* o baño de inmersión —al que ya hicimos referencia— es un ritual de purificación que se ha utilizado durante miles de años en conexión con la limpieza, la eliminación de la negatividad, la curación y preparación de nuestra Vasija interna para recibir Luz. Es una herramienta muy poderosa para superar la depresión. La vida de Rav Akivá cambió de manera inextricable gracias al poder del agua. Además, beber agua limpia y filtrada también puede mejorar el estado depresivo. El Dr. Abram Ber comparte su experiencia:

> "Hace algunos años una paciente vino a mi consulta por que padecía una depresión. Ninguna de las drogas recetadas por su psiquiatra le habían dado resultados duraderos. Después de tratarla unos meses sin lograr mejora alguna, la derivé a un terapeuta que, en la primera visita, quiso saber la cantidad de agua que bebía por día. Ella respondió que tomaba aproximadamente dos vasos diarios. El terapeuta le aconsejó que rehidratara su cuerpo bebiendo diez vasos de agua al día, y hete aquí que su depresión mejoró

visiblemente en una semana. De más está decirlo, para mí fue una lección inmediata. Ahora
nunca dejo de preguntar a mis pacientes cuántos
vasos de agua beben por día."

No debemos pasar por alto las propiedades curativas del agua.
La mayoría de los expertos recomienda un mínimo de seis a
ocho vasos de 8 onzas por día. Lo ideal es beber un vaso de
agua media hora antes de cada comida y otro a las dos horas
y media después de comer. ¡Éste es la cantidad mínima de
agua que necesita tu cuerpo! Según el Dr. Fereydoon
Batmanghelidj, autor de *Water For Health, for Healing, for Life*
(Agua para la salud, para sanar, para vivir), quien dedicó veinte
años a investigar los efectos de la deshidratación, el agua es la
forma de medicina más económica. Explica el Dr.
Batmanghelidj en su libro:

"El 75% de nuestro cuerpo está compuesto por agua. El cerebro es 85% agua. El agua energiza y activa la materia sólida. Si
no bebes agua, algunas de las funciones del cuerpo se resen-
tirán. La deshidratación produce disturbios en el sistema.
Cuando digo *cura de agua*, me refiero a curar la deshidratación
con agua."

Si no estamos prevenidos, una mente deshidratada puede
devenir en una mente deprimida. En cambio, si bebemos la

suficiente cantidad de agua, nuestra mente puede volver a fluir y, de esta manera, reconocer y despertar nuestros deseos.

LA QUEMA

LA QUEMA

La quema es una de las poderosas herramientas de sanación que tenemos a nuestra disposición. Uno de los Kabbalistas más importantes de todos los tiempos, Isaac Luria, elaboró esta técnica para transformar la negatividad. Él sugirió encender una vela y sentarse delante de ella con lápiz y papel. Luego, escribir una o dos palabras clave relacionadas con la depresión que estás padeciendo, como "soledad", "incompetencia" o "amor fallido". También puedes escribir una frase corta describiendo exactamente cómo te sientes. Yo aconsejo incluir siempre la "falta de deseo" en la lista. Una vez que has hecho esto, medita brevemente en tu depresión. Estás intentando sacar a relucir todos los sentimientos asociados con tu depresión. Ahora escríbelos también en el papel. Después, sé consciente de que tu propia naturaleza reactiva —de esta vida o de la pasada— es la responsable de la depresión que sufres. A continuación, toma el papel y quémalo. Te sorprenderá ver cómo este acto simbólico elimina tu bloqueo emocional y libera toda tu energía atrapada.

SOBRE LA ESPERANZA

Mi mayor esperanza con este libro es que pueda transmitir mi creencia, y la de la Kabbalah, de que en la vida hay esperanza y que tenemos mucho más poder para infundir entusiasmo y belleza en nuestras vidas del que podemos imaginar. Ese poder proviene de la Luz del Creador. ¡No podría ser mejor! El Oponente hará siempre su mayor esfuerzo para que te sientas como un títere en el juego de la vida; agotará tu cuerpo y tu mente con su artillería de argumentos negativos, si se lo permites. Te atraerá con la facilidad y el confort que *parece* brindar la oscuridad. "Cierra la cortina", te dirá. O: "cierra la puerta", "deja que el contestador automático responda los llamados".

¡Es un error! *Siempre* tienes que tener el control sobre el Oponente. Y el motivo es el siguiente: la oscuridad y la Luz no pueden coexistir. Por lo tanto, cada vez que enciendes la Luz, aunque sólo sea una pequeña lamparita, estás trayendo esperanza y deseo hacia ti. Nosotros acarreamos un gran poder en nuestras almas: el poder de causarnos una alegría y felicidad magníficas e infinitas, así como el poder de ayudar a otros a encontrar su propia alegría. Este poder se manifiesta cada vez que aplicamos la Fórmula de la Transformación y cada vez que compartimos. La depresión es una distracción; significa que estamos escuchando con demasiada atención al Oponente y que estamos funcionando en su reino de reacción y caos. Cuando tropezamos, cuando nos caemos, debemos estar verdaderamente agradecidos por la oportunidad de incorporarnos y alzarnos nuevamente. ¡De hecho, debemos celebrarlo! Porque sólo cuando nos caemos y nos levantamos revelamos la Luz divina.

Que este libro te guíe en las formas de amarte a ti mismo pacífica, radical y completamente, y que reanime tus deseos más profundos y auténticos. ¡Que puedas convertir este amor en actos de compartir infinitos y apasionados con el mundo y todas las personas que te rodean!

MÁS LIBROS DEL ESCRITOR DE ÉXITOS DE VENTA INTER-NACIONALES YEHUDÁ BERG

Kabbalah y el amor

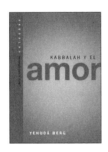

Este pequeño y encantador libro tiene un sencillo pero profundo mensaje: el amor no es algo que aprendes o que obtienes, sino una esencia que está en tu interior, esperando a ser revelada. Enterrada bajo capas de ego, miedo, vergüenza, duda, baja autoestima y otras limitaciones, la increíble y poderosa fuerza que es el amor sólo puede ser activada compartiendo y sirviendo incondicionalmente. Sólo entonces las capas caerán y la esencia del amor se revelará a sí misma. Este libro marca la distinción entre el amor y la necesidad, que es un producto egoísta del ego, y nos recuerda que no podemos amar a alguien hasta que averiguamos cómo amarnos a nosotros mismos y nos conectamos con el amor que hay dentro de nosotros. ¡Un día de San Valentín como ningún otro!

Kabbalah y Sexo: Y otros Misterios del Universo

El mundo está lleno de manuales de sexo que instruyen al lector acerca de los pormenores del buen sexo; sin embargo, éstos tienden a enfocarse en un solo aspecto: la mecánica física. Según la Kabbalah, la clave del buen sexo está en la conciencia de uno mismo, no simplemente en la técnica. El sexo, de acuerdo a la Kabbalah, es la forma más poderosa de experimentar la Luz del Creador. También es una de las formas más poderosas de transformar el mundo. Entonces, ¿por qué no tenemos siempre buen sexo en nuestras relaciones? ¿Por qué el acto sexual ha sido siempre ligado a la culpa, la vergüenza y el abuso? El libro *Kabbalah y Sexo* proporciona un sólido fundamento para entender los orígenes del sexo y su propósito, así como las herramientas prácticas kabbalísticas para encender tu vida sexual. Esta revolucionaria guía enseña cómo acceder a niveles más elevados de conexión —con nosotros mismos, nuestra pareja y con nuestro espíritu— y alcanzar la pasión sin fin, el placer profundo y la verdadera plenitud.

Más allá de la Culpa: Una visión de la vida desde la total responsabilidad

"¡No es culpa mía!"

Entonces, ¿de quién es la culpa? En este nuevo libro, basado en los populares y exitosos seminarios del Centro de Kabbalah Internacional, el codirector y maestro Yehudá Berg aboga por asumir la responsabilidad personal por los problemas de la vida, en lugar de caer en la tendencia a culpar a los demás por éstos. Berg proporciona simples pero poderosas herramientas kabbalísticas para superar esta tendencia negativa a culpar a los demás y así vivir una vida más feliz y más productiva.

MÁS ALLÁ DE LA CULPA: Una visión de la vida desde la total responsabilidad, el último volumen de la exitosa serie de formato reducido Tecnología para el Alma, es una inspiradora guía para lograr un cambio positivo a través del poder de la Kabbalah. Además de los consejos y ejercicios prácticos, *Más allá de la Culpa* presenta unas historias personales de individuos que han utilizado la fórmula transformadora de la Kabbalah para detener "el juego de la culpa" y, en su lugar, hacer elecciones que llevan hacia la plenitud máxima.

Si piensas que los problemas, el caos y el sufrimiento que hay en tu vida son producto del azar o son causados por circunstancias externas, piénsalo de nuevo. Aprende cómo eliminar la "conciencia de víctima" y mejora tu vida, ¡empezando hoy mismo!

Dios no crea milagros . . . ¡tú lo haces!

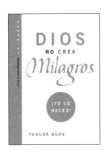

Deja de "esperar un milagro" y. . . ¡Comienza a hacer que sucedan!

Si crees que los milagros son "actos de Dios" que tienen lugar una entre un millón de veces, este libro te abrirá los ojos y revolucionará tu vida, ¡comenzando hoy mismo! En *Dios no crea Milagros*, Yehudá Berg pone a tu disposición las herramientas para librarte de aquello que se interpone entre tú y la completa felicidad y la realización que son tu verdadero destino. Aprenderás por qué para entrar en el reino de los milagros no se trata de esperar a que una fuerza sobrenatural intervenga en tu nombre. Se trata de entrar en acción ahora, utilizando las poderosas y prácticas herramientas de la Kabbalah que Yehudá Berg ha revelado al mundo en sus éxitos editoriales internacionales *El Poder de Kabbalah* y *Los 72 Nombres de Dios*. Esta vez, Yehudá revela el secreto más asombroso de todos: la verdadera fórmula para establecer una conexión con la auténtica fuente de los milagros que se encuentra dentro de ti mismo.

Descubre la Tecnología para el Alma que realmente hace que los milagros sucedan y . . . ¡libera tu poder para crear la vida que deseas y que te mereces!

The Living Kabbalah System en Español™: Saliendo de la Oscuridad

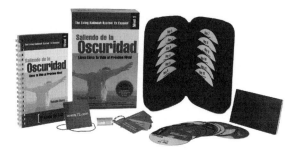

Lleva tu vida al próximo nivel con este sistema de 23 días que transformará tu vida y te llevará a alcanzar la satisfacción duradera.

Este sistema revolucionario e interactivo incorpora las últimas estrategias de aprendizaje, utilizando los tres estilos de aprendizaje:

- Auditivo (sesiones de audio grabadas).
- Visual (cuaderno de ejercicios con conceptos y gráficos).
- Táctil (ejercicios escritos, autoevaluaciones y herramientas físicas).

Su resistente estuche irá contigo adonde tú quieras llevarlo. Escucha los programas de audio en el auto, en el gimnasio, donde te resulte más cómodo. El erudito Kabbalista Yehudá Berg —gran líder de la Kabbalah en la actualidad— ha creado este asombroso viaje de transformación para ti. El instructor David Benzaquen y Cristian de la Fuente serán los encargados de transmitirte esta sabiduría en español, en una atmósfera de aprendizaje íntima y personal. Obtén herramientas prácticas y aplicables y ejercicios para integrar la sabiduría de la Kabbalah en tu vida diaria. En sólo 23 días puedes aprender a vivir con mayor intensidad, tener más éxito en las relaciones y los negocios y alcanzar tus sueños. ¿Por qué esperar? Lleva tu vida al siguiente nivel empezando hoy mismo.

MÁS PRODUCTOS QUE PUEDEN AYUDARTE A INCOR- PORAR LA SABIDURÍA DE LA KABBALAH EN TU VIDA

Dios Usa Lápiz Labial
Por Karen Berg

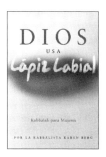

Dios Usa Lápiz Labial está escrito exclusivamente para mujeres (o para hombres que desean entender mejor a las mujeres) por una de las fuerzas impulsoras detrás del movimiento de la Kabbalah.

Durante miles de años, se prohibió a las mujeres estudiar Kabbalah, la antigua fuente de sabiduría que explica quiénes somos y cuál es nuestro propósito en el universo.

Karen Berg lo ha cambiado todo. Ha abierto las puertas del Centro de Kabbalah a todo aquel que quiera entender la sabiduría de la Kabbalah y ha traído la Luz a la vida de todas estas personas.

En *Dios Usa Lápiz Labial,* Karen Berg comparte esta sabiduría con nosotros, especialmente el cómo te afecta a ti y a tus relaciones. También revela el lugar especial que ocupa la mujer en el universo y explica por qué las mujeres tienen una ventaja espiritual sobre los hombres. Karen nos cuenta cómo encontrar a nuestra alma gemela y nuestro propósito en la vida. Ella nos incita a convertirnos en mejores seres humanos conectándote con la Luz, y nos da las herramientas para vivir y amar.

Ser como Dios
Por Michael Berg

A los 16 años, el erudito de la Kabbalah Michael Berg comenzó la colosal tarea de traducir *El Zóhar*, el texto principal de la Kabbalah, de su idioma original, el arameo, a la primera versión completa en inglés. *El Zóhar*, que está compuesto por 23 volúmenes, es un compendio que incluye prácticamente toda la información relativa al universo y su sabiduría, la cual sólo comienza a ser verificada en la actualidad.

Durante los diez años en los que trabajó en *El Zóhar*, Michael Berg descubrió el secreto perdido hace mucho tiempo y que la humanidad ha estado buscando durante más de 5.000 años: cómo llegar a nuestro destino final. Ser Como Dios revela el método transformador por medio del cual las personas pueden liberarse de lo que se denomina "naturaleza del ego", para lograr de manera efectiva la dicha total y una vida duradera.

Berg presenta una idea revolucionaria: por primera vez en la historia se le da una oportunidad a la humanidad. La oportunidad de Ser Como Dios.

El Secreto
Por Michael Berg

Como una joya cortada y pulida minuciosamente, El Secreto revela la esencia de la vida en forma concisa y poderosa. Michael Berg comienza por mostrarte los motivos que provocan que la comprensión de nuestra misión en el mundo esté invertida. Cuando el dolor invade nuestras vidas, cuando nos encontramos permanentemente en un estado que nos aleja de la dicha y la plenitud total, la razón de todas estas angustias es ese malentendido básico.

El Poder en Ti
Por Rav Berg

Al cabo de los últimos 5.000 años ninguna ciencia ni psicología han sido capaces de resolver un problema fundamental: el caos en la vida de las personas.

Ahora, un hombre nos brinda la respuesta. Él es el Kabbalista Rav Berg.

Bajo el dolor y el caos que afectan a nuestras vidas, el Kabbalista Rav Berg trae a la luz un reino oculto de orden, propósito y unidad. Nos revela un universo en el que la mente domina a la materia; un mundo en el que Dios, el pensamiento humano y la totalidad del cosmos están misteriosamente interconectados.

Únete al Kabbalista principal de esta generación en un asombroso viaje por el filo de la realidad. Intérnate en la vasta reserva de sabiduría espiritual que es la Kabbalah, donde los secretos de la creación, la vida y la muerte han permanecido ocultos durante miles de años.

Las Ruedas del Alma
Por Rav Berg

 En *Las Ruedas del Alma*, el gran Kabbalista Rav Berg revela la clave para responder a éstas y muchas otras preguntas que se encuentran en el corazón de nuestra existencia humana. Específicamente, el Rav Berg nos explica por qué debemos aceptar y explorar las vidas que ya hemos vivido para comprender la vida que llevamos hoy.

No te equivoques: *ya has estado aquí antes.* La reencarnación es un hecho, y así como la ciencia está comenzando a aceptar que el tiempo y el espacio podrían no ser más que ilusiones, el Rav Berg muestra por qué la muerte en sí misma es la ilusión más grande de todas.

En este libro podrás aprender mucho más que respuestas a estas preguntas. Comprenderás el verdadero propósito de estar en el mundo y descubrirás las herramientas para identificar a tu alma gemela. Lee *Las Ruedas del Alma* y deja que uno de los maestros kabbalísticos más importantes de nuestro tiempo cambie tu vida para siempre.

EL ZÓHAR

"Traer El Zóhar casi del total olvido a la amplia difusión ha llevado varias décadas. Éste es un logro del que estamos muy orgullosos y agradecidos."

—Michael Berg

Compuesto hace más de 2.000 años, El Zóhar es una colección de 23 libros, un comentario de asuntos bíblicos y espirituales en forma de diálogos entre maestros espirituales. Sin embargo, describir El Zóhar solamente en términos físicos es altamente engañoso. En realidad, El Zóhar no es nada menos que una herramienta poderosa para lograr el propósito más importante de nuestras vidas. El Creador lo entregó a toda la humanidad para brindarnos protección, para conectarnos con su Luz y finalmente para lograr nuestro derecho de nacimiento, que es la verdadera transformación espiritual.

Hace más de 80 años, cuando se fundó el Centro de Kabbalah, El Zóhar había desaparecido virtualmente del mundo. Pocas personas de la población general habían escuchado hablar sobre él. Quienquiera que buscase leerlo (en cualquier país, idioma y a cualquier precio) se enfrentaba a una ardua e inútil búsqueda.

Hoy en día, todo esto ha cambiado. Gracias al trabajo del Centro de Kabbalah y al esfuerzo editorial de Michael Berg, El Zóhar está siendo transmitido al mundo no sólo en su idioma original, el arameo, sino también en inglés. El nuevo Zóhar en inglés proporciona todo lo necesario para conectarse con aquel texto sagrado en todos los niveles: el texto original en arameo para el 'escaneo', la traducción al inglés y los comentarios claros y concisos para su estudio y aprendizaje.

Además, el Centro de Kabbalah se ha embarcado en la tarea de traducir el *Zóhar* al español. En este momento hay varios volúmenes disponibles y estamos en el proceso de traducirlo en su totalidad.

EL CENTRO DE KABBALAH

El Líder Internacional en la Enseñanza de la Kabbalah

Desde su fundación, el Centro de Kabbalah ha tenido una sola misión: mejorar y transformar las vidas de las personas trayendo el poder y la sabiduría de la Kabbalah a todo el que desee participar de ella.

Gracias a toda una vida de esfuerzos del Rav Berg, su esposa Karen, y el gran linaje espiritual del que son parte, una asombrosa cifra de 3 millones y medio de personas en el mundo ya han sido tocadas por las poderosas enseñanzas de la Kabbalah. ¡Y el número aumenta año tras año!

· · · ·

Si este libro te inspiró de alguna forma y te gustaría saber cómo puedes continuar enriqueciendo tu vida a través de la sabiduría de la Kabbalah, puedes hacer lo siguiente:

Llama al 1-800-KABBALAH, donde serás atendido por instructores cualificados disponibles 18 horas al día; personas de gran dedicación que están dispuestas a responder sin ningún cargo todas y cada una de las preguntas que puedas tener acerca de la Kabbalah y a guiarte en tu esfuerzo por aprender más.

Y si llamas desde fuera de los Estados Unidos, puedes acceder a Ayuda al Estudiante llamando a cualquiera de los siguientes números gratuitos: